人間教育のすすめ

An Encourage of Human Education

渡邊 弘

Hiroshi Watanabe

東洋館出版社

はじめに

教育は、人間のためのものに決まっているではないかと言われる人がいるかもしれません。しかし、この当たり前に思えることも、これまでの洋の東西の教育の歴史を調べていきますと、この「決まっている」ことが実際にはそうではないことに気づくのです。

軍国主義時代の教育などは言うまでもなく、経済発展のために効率よく国に役に立つ人材を生産していった時代の教育などのように、西洋でも日本でも人間一人一人の人間性が軽視あるいは無視され、国家が描き出した理想像に向かって作り上げるといった、いわば国家にとっての教育が行なわれていたことについては、歴史が証明しています。

こうした教育の考え方に対して、あくまで教育を人間の視点から考えようとしてきた教育思想家・実践家による教育運動が展開された時代があったことも事実です。たとえば、西洋においては、十八世紀中期に登場したJ.J.ルソーやペスタロッチー、あるいは二十世紀初期のJ.デューイやエレン・ケイなど、日本においては大正自由教育運動の時代がそれに当たると思います。しかし、こうした動向は、これまでの長い歴史の中で、ある一定の期間盛り上がりを見せながらも、決して主流にはならず底流に留まりながら今日に至っているように見えます。

では、本来教育は一人一人の人間のためでありながら、実際にはそのようになっていない原因はどこにあるのでしょうか。もちろん、その時代時代の政治や経済などにより教育が左右されてきたことをはじめ、さまざまな原因が考えられると思います。しかし、もっとも根本的な原因は、「教育」についての考え方（思想）それ自体にあると私は考えます。つまり、すでに二一世紀に入っている今日、人間の視点に立った教育を実現していくためには、何よりも教育の意識改革が必要だということです。とりわけ人間観の問題が最も大きいでしょう。教育は、人間が人間をよくしようとする行為です。教育される側も教育する側も同じ人間であるわけであり、その「人間」をどのようにとらえるかによって具体的な教育のあり方が変わってくるといえます。もちろん、世の中に完全な人間などは存在しません。もし存在すると考える人がいれば、それは教育ではなく宗教の領域になると思います。つまり、教育という営みは、不完全な人間が不完全な人間をよくする行為ということになります。その場合の「人間」とはどういう存在なのか、また「よくする」とはどういうことか、こうした根本的な教育の問いから、私たちは謙虚に、また誠実に吟味していくことが大切だと考えます。教育のシステム改革も、こうした根本的な問いを考えていくことにより、自ずと具体的なあり方が見えてくるだろうと考えます。

以上のような考えから、本書は、三部構成としました。第一部では、「教育の根本を考える」と題して、「教育」の意味やこれまでの西洋と日本の教育の歴史について考えていきます。第二部では、「人間のための教育を考える」と題して、人間教育の考え方と教師論について考えていきます。第三部では、「人間教育をめざす学校改革を考える」と題して、外国（とくにアメリカ）と日本の人間教育の視点に立った学校改革と開かれた教育体制のあり方について考えていきます。本書は、大学の教育学や教育原理のテキストとして作成したものですが、広く一般の人々にも読んでいただき、人間にとって教育とは何かについて考えていただければと考えています。

最後に、これまで長年お世話になっている東洋館出版社から再び出版できることを何よりも嬉しく感じております。とくに、本書の上梓にあたっては、編集部の大竹裕章氏には、お忙しい中大変お世話になり心より感謝するしだいです。

平成二八年一月十七日

渡邊　弘

目次

第一部

「教育」の根本を考える

第一章　「教育」の意味と関心

1　「教育」という言葉のイメージ

「教育」という言葉から、あなたはどのような言葉を思い浮かべるでしょうか。たとえば、ある人は、学校、子ども、教師、教科書、学習、塾、受験などの語を思い浮かべるかもしれません。またある人は、現在問題となっているいじめや不登校などの言葉を想像するかもしれません。一方イメージとしても、教育と聞くと、どこか〝堅い〟〝強制〟〝義務〟といった一種の窮屈なイメージをもつ人もいるでしょう。

一般に、この「教育」という言葉のついた用語は多く見られます。たとえば、教育の場を中心として表された「家庭教育」「学校教育」「社会教育」などや、人間の成長発達にもとづいて表された「幼児教育」「青少年教育」「成人教育」など、さらには学校の教科や領域名のついた「算数教育」「国語教育」「英語教育」「道徳教育」「特別教育活動」などです。このように私たちは、ある特定の用語と結びつけても、「教育」という言葉を普段使用しています。

しかし、少し立ち止まって考えてみると、この「教育」という言葉自体が本来どのような意味をもつ言葉なのかについては、あまり私たちは考えていないような気がします。たとえば、この「教育」という言葉が地球上でいつ頃から、どのような事情で使われ始めたのだろうかといったことなどを、私たちは普段考えないままあたかもはじめからわかっているかのように用いていることに気づくはずです。

したがって、これから教育についてのさまざまな問題を考えていく前に、私たちはまずこの「教育」という言葉の意味と関心から考えていってみたいと思います。

2　「教育」という言葉の発生と意味

人類は、歴史的に独特の能力をもって、各時代の状況の中で必要にかられて言葉を創造してきました。私たちの身の回りでも日々新しい言葉が生まれているといえます。

「教育」という言葉も、何らかの社会の変化により、人々がどうしても「教育」という言葉を使わないわけにはいかない状況が起こったと考えられます。では、一体いつ頃、どのような状況の中で「教育」という言葉が発生してきたのでしょうか。

実は、偶然なのですが東洋でも西洋でも紀元前五～四世紀頃に生まれました。この言葉が生まれる以前から、当然人々は子どもを育てもし、教えもしてきたわけです。したがって、そうした活動を意味する言葉は、もちろんもっと古い時代からあったにちがいありません。事実、中国には「育てる」を意味する「育」（『詩経』など）や「教える」を意味する「教」（『周礼』など）という言葉が、古代ギリシアにも「育てる」を意味する「トロフェー（trophē）」や「教える」を意味する「ディダスコー（didaskō）」という言葉が、もっと古い時代からあったのです。

では、この紀元前五〜四世紀頃に、人々の新しい言葉を必要とするどのような事情が生じたのでしょうか。まず、東洋から見てみましょう。

当時最も進んでいた国は現在の中国です。中国の古典に『孟子』という書物があります。これは孟子の語録ですが、その中の「尽心篇上篇」の中に「孟子曰。君子有㆓三楽㆒。（略）得㆓天下英才㆒、而教㆓育之㆒、三楽也。」とあります。これは君子の三つの楽しみの一つを表わしたものです。すなわちそれらは、「父母ともに健在で、兄弟の間に事故がないこと」、「常に正しい行ないをしているため、天や人に対してはじることがないこと」、そしてここでの「天下に優秀な人間を得て、彼らを教育すること」です。これが、今日私たちが知ることができる中で、東洋における「教育」という言葉が用いられた最初の例です。『孟子』は、中国で春秋戦国時代の中頃に書かれたものですが、東洋では、「教育」という言葉は、中国で紀元前四世紀頃に生まれたことになります。しかし、残念なのですが、この『孟子』の中には、「教育」とはどのような意味かということについては何も記されてはいないのです。ただし、当時の状況については、小国家が乱立して、互いに覇を競っていた時代であり、各小国家はそれぞれ優秀な人間を組織的計画的に育成し、国を守ろうとしたことは容易に想像できます。

では、目を転じて西洋の場合はどうでしょうか。西洋文明の基礎は古代のギリシアにあるといわれますが、その古代ギリシアでは、「教育」に当たるものとして「パイデイア（paideia）」という言葉が用いられていました。これは、もともと「paidos（パイドス、子ども）」という語を動詞として用いた「paideuein（パイデウエイン）」の名詞形（動名詞）であるので「子どもを〜すること」という意味をもっている言葉です。この言葉が生まれたのも、東洋での「教育」と大差なく、紀元前五世紀頃のことであったといわれます。数多くのポリス（都市国家）が成立して、とくにアテナイやスパルタが際立った政治的役割を演じていた頃でした。

この時期は、哲学史上一般に、人間関心の文化が花開いた時期（古典期）、あるいは人類が精神的に深まった時期といわれています。

おそらく、この時期以前は、社会生活はそれほど複雑ではなく、複雑化の動きが現れても、その動きは比較的緩慢でした。また、知識や技術の蓄積も急速に進行していたわけではありませんでした。したがって、大人たちは、子どもたちを育てもし、教えもしていましたが、どうすることが子どもたちを本当に「よく」することであるかについては、ほとんど問う必要もなかったといってよいでしょう。子どもたちを育てながら、彼らに、前の代から受け継いだ日常生活に必要な知識や技術を、ほとんど受け継いだままに教えるだけで十分であり、また、そうすることで大人たちの意欲も満たされていたにちがいありません。

ところが、数多くの小国家や都市が対立するようになり、またいろいろな方面で知識や技術が蓄積されて、社会生活が複雑化してくる紀元前五～四世紀頃になると、それではたちゆかなくなりました。多様にある知識や技術のうちのどれを身につけさせたら「よい」のか、複雑化した社会の中でどのような生き方をさせたら「よい」のか、たとえばこういったことを、いわば精神的な深まりの現れとして、いよいよ真剣に考えざるをえなくなったのです。こうして人々に、子どもたちへの働きかけの意味について、それを単に教えることでも、また単に育てることでもなく「よく」することである、という自覚が生じたのです。

つまり、「教育」という言葉の発生事情についてのこうした理解が適切であるとすれば、私たちは今や、この理解にもとづいて、教育（パイデイア）とは「子ども（人間）をよくしようとすること」と理解することができるでしょう。

もちろん、古い時代の常として、確証が乏しいといううらみがないわけではありません。しかし、さらに次のような事実に基づいて考えるとき、この教育についての理解がやはり妥当なものであると認められるにちがいありません。

それは、ギリシア語の「パイデイア＝子どもを～すること」とはいったいどうすることなのかを探るしっかりとした手がかりが残されているという事実です。その主なものが、アリストファネスの『雲』とプラトンの一連の哲学上の著作です。

アリストファネス（Aristophanes, 前四四五頃～三八五頃、アテナイ生まれ）の『雲』は、子どもたちの「教育」（パイデイア）を扱った喜劇です。古い考え方で育った親の世代と新しい考え方の洗礼を受けようとする子どもの世代との感覚や考え方の対立と、それに基づく親の世代の嘆きをテーマとし、ソクラテス（Sokrates, 前四七〇？～三九九、アテナイ生まれ）という人物を主人公とする作品で、当時のギリシア（アテナイ）で大変な評判をえたといわれているものです。私たちは、まずこの作品によって、子どもたちの「教育」（パイデイア）という問題が、当時のギリシア（アテナイ）人に、こうした喜劇のテーマとなるほどに切実な問題として受けとめられていたということ、また、ソクラテスという人物が、そうした問題関心との関係から、こうした喜劇の主人公として登場するほどに当時の人々の間で有名であったことを知ることができます。さらに私たちは、プラトンの一連の哲学上の著作によって、このソクラテスという人物が当時なぜこのように人々の間で有名であったのか、それは人々の前に「よさ」という問題を取り出してみせた思想上の巨人であったから、ということまで知ることができるのです。[1]

プラトン（Platon, 前四二七～三四七、アテナイ生まれ）の著作は、そのほとんどがソクラテスを主人公として対話形式で書かれていますが、プラトンの著作に登場するソクラテスが機会あるごとに「よさ」という問題を取り上げる人物として描かれていることは、周知のとおりです。たとえば、『メノン』に登場するソクラテスが、「君には、どうだね、人間は誰でもかならず、よきものを欲求するのだとは思えないのかね？」[2]と語っていることが思い出されるでしょう。

要するに、こうして、私たちは、アリストファネスの『雲』とプラトンの一連の著作を素材に、先のような道筋をたどることによって、ギリシア語の「パイデイア（教育）」が、子どもたちをなんとか「よく」

したいという問題意識とともに生まれたものであること、したがって「子どもを〜すること」とは「子どもを『よく』すること」であると理解できることを、より確かな形で知ることができるのです。

なお、みなさんは「教育」という言葉でおそらく「エデュケーション education」という言葉を思い浮かべることと思います。「education」の語源として、ラテン語の「educāre」と「educēre」の二つの説があり、前者は「教育とは訓練すること、型を押しつけること」であり、後者は「教育とは引き出すこと」ということです。しかし、これらはいわば後世的なこじつけというべきであり、私たちの「教育」の概念の中核をなす拠り所とするわけにはいきません。また、ラテン語のふるさとであるローマの歴史に先進・高質の文化として果たしたギリシア文化の役割は大きく、「教育」の語源をたどる際もその点を見逃すわけにはいきません。[3]

したがって、私たちがこれから「教育」を考えていく上で、最も文献上古い「パイデイア＝子どもをよくしようとすること」という意味を拠り所として、さまざまな教育問題について考えていくことにしましょう。

3　「教育」への関心

では、「教育」をこのように意味づけた場合、さらに次の問題が生じてきます。すなわちそれは、「教育」を考えるとはどのようなことなのか、いいかえれば、「教育」とは基本的にどのような点に関心をもつことなのか、といった問題です。

一般に、教育を「人間形成」という言葉で表す場合があります。「子ども（人間）をよくしようとすること」という定義は、まさに人間と形成の両方への関心を表しています。すなわち、「子ども（人間）」は「人間観」の問題であり、「よくしようとすること」とは「形成観」の問題であるということです。したがって、「教育」を「子ども（人間）をよくしようとすること」と定義した場合、この二つの問題（関心）から成り立っていると言えます。さらに、「形成」への関心は、大きく次の②から⑥のように五つの関心に分類することができます。

［子ども（人間）観］

①「子ども（人間）」への関心…働きかける対象をどう見るか？

［形成観］

②「よさ」への関心…「よくする」といった場合の「よく（よさ）」をどう考えるか？

③「内容」への関心…どのようなものによって「よく」するのか？

④「方法」への関心…どのようなやり方で「よく」するのか？

⑤「組織機関」への関心…どのような場所で「よく」するのか？

⑥「教師」への関心…「よくする」ために働きかける教師とはどのような

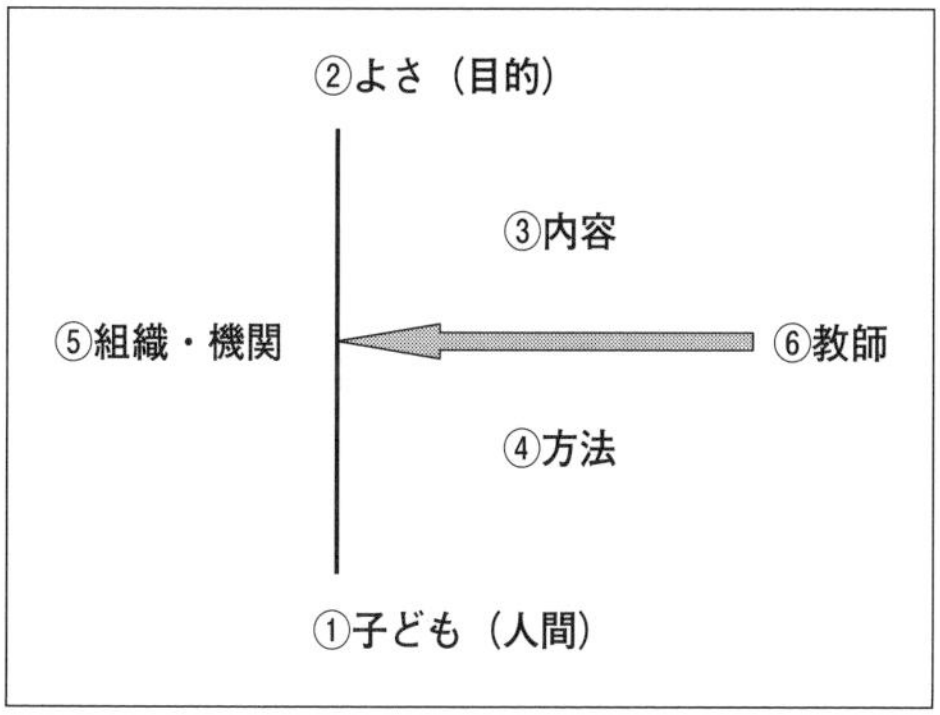

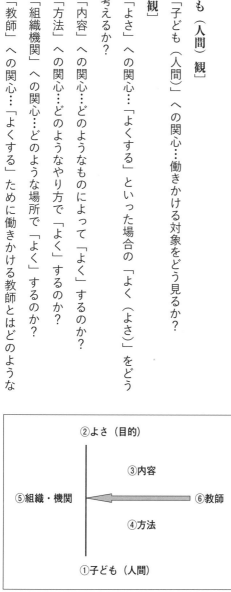

存在か？

結局、「教育＝子ども（人間）をよくしようとすること」への関心は、これら六つの関心から基本的に構成されており、これらを総合的に考えていくことが、すなわち「教育を考える」ということになります。大学などで、カリキュラム上さまざまな教職に関する科目などが分かれていますが、それらは前述の関心を、ある意味、分化して構成されたものといえるでしょう。教育は、単なる技術論ではないことは言うまでもありません。とくに人間が人間をよくする働きが「教育」であるとすれば、その人間をどう考えるかということは、教育を考える上でとても大切なことです。

【注】

1　村井実『教育思想（上）』東洋館出版社、一九八五年、十五〜二一頁参照。
2　プラトン／藤沢令夫訳『メノン』岩波文庫、一九九四年、三三頁参照。
3　沼野一男・田中克佳他『教育の原理』学文社、一九八六年、七頁参照。

調べてみよう

◇

①「教育」に類似した言葉（「教化」「教学」「教授」「教養」など）を調べてみよう。

②紀元前五～四世紀の頃の東洋（中国）と西洋（古代ギリシア）の時代を調べてみよう。

③『メノン』を読み、ソクラテスの教育についての考え方を調べてみよう。

第二章　教育の歴史

1　西洋の場合

まず、人類が「教育」という言葉を使いはじめて、実際にそれを行なおうとしていくわけですが、では人々はどのように考えてこれまでこの「教育」という営みを行なってきたのか、とくにこの章では西洋と日本の両方の場合を通して概観してみましょう。

(1)　近代以前の教育観～「粘土モデル」の子ども観と「手細工モデル」の形成観～

人間が「教育」（パイデイア＝子どもをよくしようとすること）を思い立ったとき、人間は、その「教育」という未知の仕事について、予め何かのモデル（生活上参考となること）をイメージに描いて対処することを試みました。

そのモデルは、当然のことながら、自分たちがかねて親しんでいる日常的な仕事のイメージを用いて作られました。たとえば、「しつけ（躾）」という幼児教育上の用語についてみれば、それは、主婦が「しつけ糸」を用いて「しつけ」を行なうイメージと重なっています。こうした日常的な仕事のイメージをモデルとして用いることによって、「教育」の仕事や手順が具体的に工夫されることになるのです。

では、人間が「教育」のためにモデルとして用いた最初の公共的なイメージはどういうものであったのでしょうか。

実は、最初のイメージは、「粘土をこねて壺を作る」「鉱石を溶かして鋤や鍬を作る」というイメージでした。つまり、人々が日常的に粘土をこねて壺を作ったり、鉱石を溶かして鋤や鍬を作ったりすることを中心に生活が成り立っていた後期農耕社会での生活を考えれば、「教育」についてこのようにイメージしたことはよく理解できるところです。要するに、子どもがどうあるべきかの決定は、教師や両親の側に委ねられているのです。子どもは、その決定にしたがって細工を加えられるべき素材として描き出されているのです。こうしたイメージを、私たちはここに「粘土モデル」の子ども観と「手細工モデル」の形成観という、いわば「作る」という発想のイメージとして認識することができるでしょう。こうしたイメージが、歴史の最も古い時代から相当長期にわたって、「教育」に関して描かれつづけてきたのです。

たとえば、古代ギリシアのポリス（都市国家）であるスパルタやアテナイでは、それぞれ「よい人間像」としての出来上がりのイメージを掲げ、それに近づける教育を行なっていました。具体的にスパルタ

（ペリオイコイ（肥沃な土地の意味））の教育は、自らの豊かな土地を守るために、また多くの被支配者層（ペリオイコイ）を少数の支配者であるスパルタ人が支配管理していくために特異な厳しい教育が行なわれました。それは、子どもを幼いうちから、命令によく従う屈強な勇敢な軍人（戦士）、国家に対して忠実で個性を没却した公民に仕立て上げる（作る）という教育でした。一方アテナイの教育は、雄弁にものを話し、相手を論破できるようなすぐれた弁論術を備えた人間がよい人間として考えられ、文法学や修辞学、さらには文学などの学習がソフィストと呼ばれる教師たちによって行なわれました。

また、古代ローマの教育は、キケロ（Marcus Tullius Cicero, 前一〇六～四三）やクインティリアヌス（Marcus Fabius Quintilianus, 三五?～九六?）に代表されるように、アテナイと同様によい人間とはすぐれた弁論家であるとされました。伝統的に共和制をもって公の生活を構成してきたローマ人にとって、弁論の能力は公の生活の成功を左右するものであり、その意味で、そうした能力を備えた弁論家こそ理想の人間であったのです。

西洋の中世は、「神の教育」でした。すなわち、最高のよさは「神」であり、それを認めた以上、子どもたちをその「神」に向かって、あるいはその「神」に則って、丹念に計画的に作り上げていくことこそ、子どもたちをよくするもっとも確実な道と考えられたのです。中でも、それが徹底して行なわれたのが修道院における教育でした。そこでは会則が定められ、無所有、純潔、服従といった生活理念を掲げ、祈りと生産的労働を中核として実践されました。こうした教育は、やがてヨーロッパ中に広がり、いわゆる中世の全時期を通じて、「神」に従う人々を作るという仕事として、組織的に展開されることになったのです。

さらに近世に入ってからも、このイメージは執拗に続いていったといってよいでしょう。たとえば、ボルドー郊外のモンテーニュ城主の子どもとして生まれ、やがてボルドーの最高裁評定官、州会議員、ボルドー市長（二期四年）などを歴任して、有名な『随筆集（エセー）』を著したモンテーニュ（Michel Eyquem de Montaigne, 一五三三〜九二）は、「粘土は柔らかく、湿っている。早く、急いで、ろくろにかけて形に作らなければならない」という教訓が好きだったようです。[1]

イギリスの哲学者で医師であるロック（John Locke, 一六三二〜一七〇四）は、『人間悟性論』（一六九〇）の中で、生まれついての人間の心を「白紙」（tabula rasa）と呼んだことは有名です。これは、いわゆる生得観念（innate ideas）はないという主張の表現であり、そこにはこれまでの「神」による社会や思想の権威から自立的な知性に道を開こうとするロックの考えがあります。しかし、ロックは教育の対象である子どもも同様に「白紙」ととらえ、彼らの自立的な理性的人間として育てるための自由な配慮への道を開いたと同時に、一方では『教育管見』で述べられているようなよい人間としての「紳士（gentleman）」のための教

ベラスケス「宮廷の侍女たち」（1656 年）

育が論じられており、それは、広く人間の教育ということではなく、またイギリス国民全体の教育というものでもなく、あくまで中産上層階級に適した教育というものでした。したがって、ロックの場合、理性の尊重とは、紳士にふさわしいさまざまな知識や徳などを進んで受け入れる〝受動的な能力〟を尊重するということを意味していたわけです。

また、この他にも「粘土モデル」の子ども観、「手細工モデル」の形成観を象徴している事例として、当時の宮廷女性のコルセットの使用や中国の纏足に見られるような身体的によい女性像というでき上がりのイメージにあてはめて「作る」という教育的行為がなされていたことなどもあげられます。

(2) 近代の教育観①～「植物（作物）モデル」の子ども観と「農耕モデル」の形成観～

ところが、ヨーロッパの十八世紀の半ばにいたって、この「粘土モデル」の子ども観、「手細工モデル」の教育観に対して、決定的な批判が表面化してきました。それを代表したのがJ.J.ル

J. J. ルソー（1712～78）

中国の纏足の女性

宮廷女性のコルセット

ソー（一七一二～七八）の『エミール』（一七六二）の出現でした。同書は、現在でも教育のバイブルと言われることがあります。その序論と第一編の冒頭文で、次のように当時の教育を痛烈に批判しています。

「人は子どもというものを知らない。子どもについてまちがった観念をもっているので、議論を進めれば進めるほど迷路にはいりこむ。（中略）かれら（大人）は、子どもの中に、いちずに大人を求め、大人になるまえに子どもがどういうものであるかを考えない。[2]」

「万物をつくる者の手をはなれるときすべてはよいものであるが、人間の手にうつるとすべてが悪くなる。人間はある土地に他の土地の産物を作らせたり、ある木にほかの木の実をならせようとしたりする。風土、環境、季節をごちゃまぜにする。犬、馬、奴隷をかたわにする。すべてのものをひっくりかえし、すべてのものの形を変える。人間はみにくいもの、怪物を好む。なにひとつ自然のつくったままにしておこうとはしない。人間そのものさえそうだ。人間も乗馬のように調教しなければならない。庭木みたいに、好きなようにねじまげなければならない。（中略）偏見、権威、必然、実例、私たちをおさえつけているいっさいの社会制度がその自然をしめころし、そのかわりに、なんにもたらされないことになるだろう。そしてその自然（性）は、たまたま道のまんなかに生えた小さな木のようなもので、通行人に踏みつけられ、あらゆる方向に折り曲げられて、まもなく枯れてしまうだろう。[3]」（傍点引用者）

このようにルソーは、序論冒頭文で、本来教育は子どもをよくする働きであるはずのものが、大人がよくしようとすればするほど「まちがった方向」に行ってしまうと主張しています。さらに大人は、早く理想の大人に仕立て上げようと、子どもを子どもとして認めずに、その中に「いちずに大人をもとめている」ことをルソーは痛烈に批判しています。さらに第一編冒頭文では、一層激しく当時の教育を批判しています。すなわち、本来人間はよいものとして生まれてくるが、人間（大人）が子どもたちをよくしようとすればするほど「悪く」してしまっている。そして、大人は自分で作り上げた「奇形」を喜び、子どもたちの中にある「自然」を押しつぶしてしまっているというのです。

つまりルソーは、もともと子ども自身が生まれながらに「よい」のであり、したがって、それが自然のままに成長すること（あるいはそうさせること）こそ真の「教育」の仕事だ、と考えたのです。そして、それまでの子ども観と形成観に代えて、新しい子ども観と形成観を提案しました。『エミール』の中には、人間は、「もともとある土地の産物であるものを、むりに別の土地で育ててみたり、ある木にほかの木の実をならせたりする」「植物は栽培によって、人間は教育

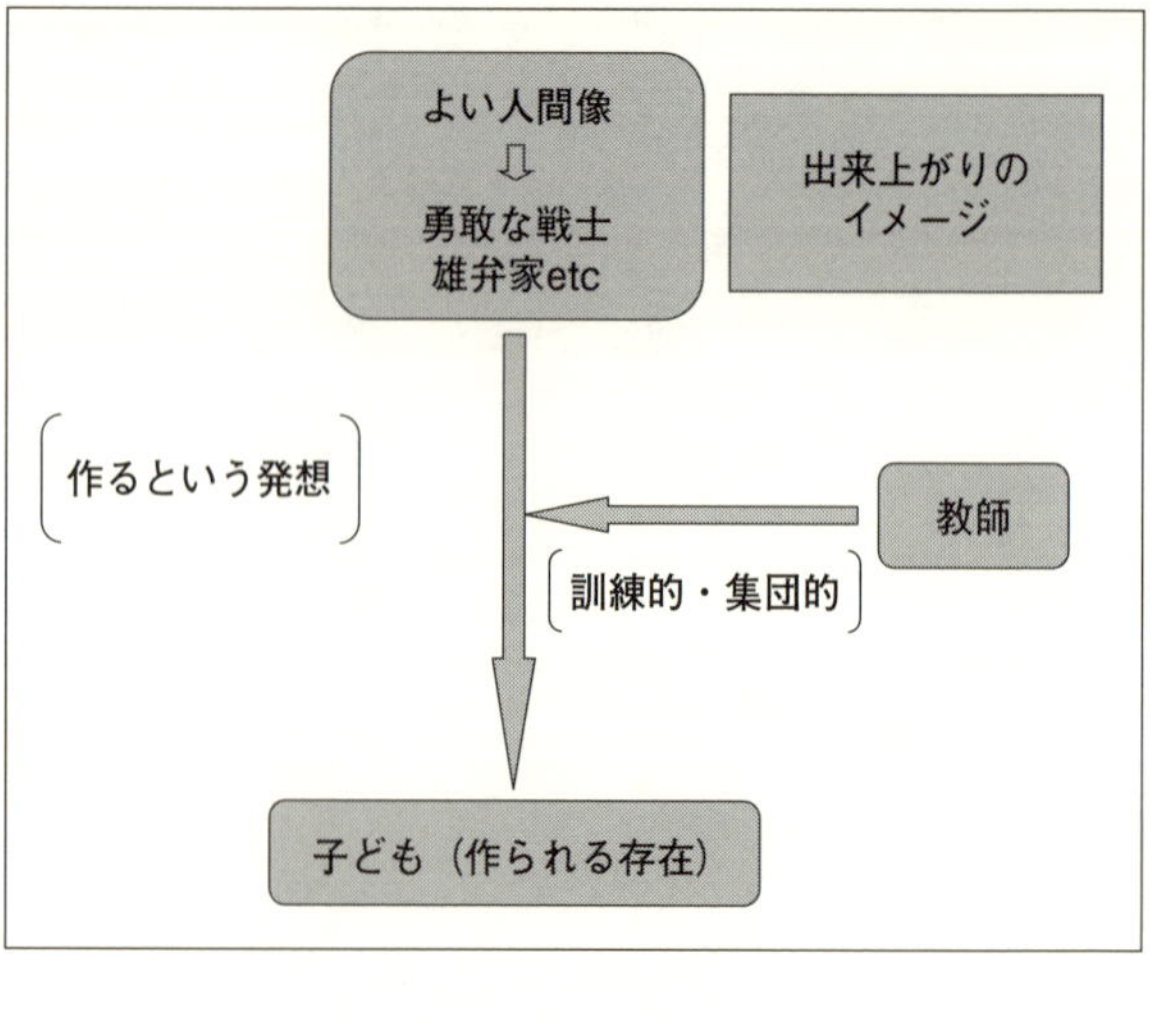

によって作られる」という類の比喩が随所に用いられていることから、ルソーによるこの新しい提案は、これまでの「粘土モデル」の子ども観に対しては「植物モデル」の子ども観、「手細工モデル」の形成観に対しては「農耕モデル」の形成観と呼ぶことができます。また、こうした教育の考え方は、先の「作る」という発想のイメージに対して、「育てる（成らせる）」という発想のイメージと呼ぶことができます。さらに彼が、一般に「子どもの発見者」といわれる理由も、これまでになく子どもの自然や子ども時代も尊重している点にあります。

ただし、ルソー自身の考え方にも課題がなかったわけではありません。彼は、もともと子どもは「よい」のであるからできるだけ何もしない方がよいという、いわば消極的な教育の考え方を基本にしていながら、現実には登場人物であるエミールに対して積極的に働きかけ、漠然とですがどこかに理想的人間像をイメージしていたところがあるように見えます。この点は、さらに吟味していく必要があると思います。

このルソーの批判と新しい提案は、当時のヨーロッパに多くの熱狂的な共鳴者を生むことになりました。たとえば、ペスタロッチー（J.Heinrich Pestalozzi, 一七四六～一八二七）やフレーベル（F.W.Frobel, 一七八二～一八五二）もその中の一人でした。そして、こうした人々の献身的な実践活動を通じて、「教育」の歴史は

J. H. ペスタロッチー（1746～1827）

いわば新しい時代を迎えるにいたったのです。

ペスタロッチーは、ルソーが強調した「自然」を福音として、さらに独自の「よさへの意欲・知力・能力」に即した教育の探究に実践を通して一生を捧げた人物です。とくに、農園ノイホーフ（Neuhoh）での貧児たちとの経験を通して著された『隠者の夕暮』（一七八〇）の冒頭には、次のように書かれています。

「木の葉の屋根の陰に住んでも、玉座〔引用者注：王様のいす〕の上にあっても、本質において同じである人間、それはいったいなんであるか。（中略）自由な、静かに待ち、徐々に進む自然に先立って、至るところ無理に言語の順序を押し進める、かの学校の人為的な教育は、人間の内面的な自然力の欠乏を覆いかくし、現世代のような浮薄な時代を喜ばせる人為的な虚飾に作り上げる。[4]」（傍点引用者）

このようにペスタロッチーは、人間性の本質的平等を訴え、硬直した言語中心の人為的な教育ではなく、その人間性を自然の道にしたがって成長させ、人間に内在する高貴な素質を純粋に刺激して発達させたいと願いながら実践していきました。

F. W. フレーベル（1782～1852）

一方フレーベルは、林務官の徒弟としての経歴から、ペスタロッチーの勧めで教育の道に入り、やがて「子ども」（Kinder）の「園」（Garten）―「幼稚園」（Kidergarten）を創設した人物として有名です。彼も、有名な『人間の教育』（一八二六）という書物の中で、子ども（特に幼児）の本性に即した教育について、次のように訴えています。

「かくて、人間のなかにある神的なもの、すなわち人間の本質は、教育によって、人間のなかに展開され、表現され、意識化されるべきであるし、またとうぜんそうでなければならない。したがって人間も、かれのなかに働いている神的なものに自由にかつ意識的にしたがって生きることができるように、またこの神的なものを自由に表現することができるように、高められるべきであるし、またとうぜんそうでなければならない。[5]」（傍点引用者）

「子どもないし幼い人間は、地上に現れると同時に、すなわち出生後ただちに、かれの本性にしたがって理解され、また正しい取扱いも受け、かれの力を自由にかつ全面的に用いることができるような状態に置かれるべきであるし、また当然そうでなければならない。[6]」（傍点引用者）

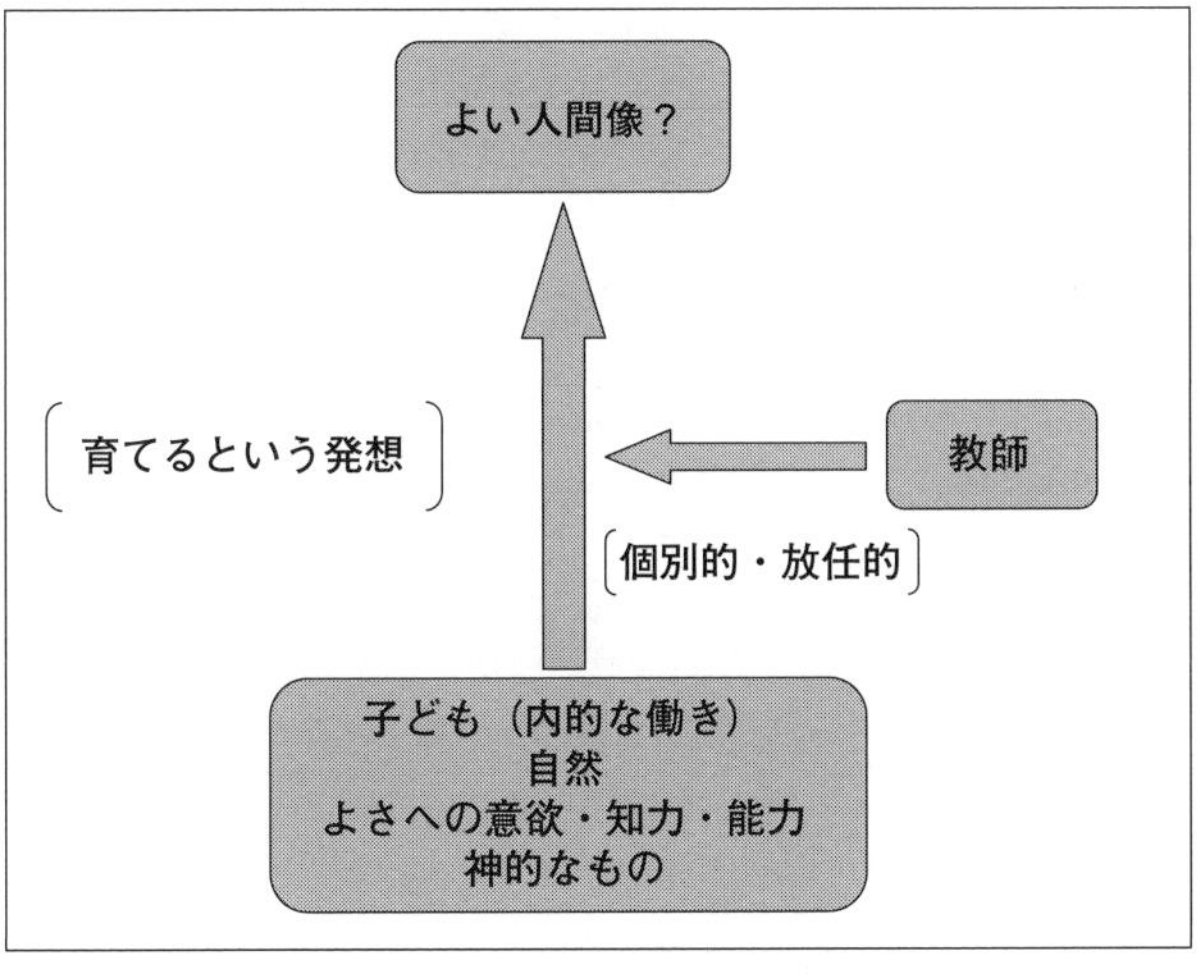

このようにフレーベルは、人間の本質として内部に「神的なもの」を認め、「本性」にしたがって理解されて、意識的に発達させていくことが教育であると主張しています。

こうして、ルソーの登場以来、十八世半ばから十九世紀はじめにかけて、植物モデルの子ども観と農耕モデルの形成観に立った教育が、次々と実践活動などを通してヨーロッパ全土に広がりを見せていくことになりました。

もちろん、この人々の生きた社会が、いわゆる重農主義*が強調された時代にあったことが、こうしたイメージの背景となっていることも忘れてはならないでしょう。それは、社会の大きな動きでもあったといってよいかもしれません。たとえば、ゲーテ（一七四九～一八三二）が詩人として自然を讃え、ベートーヴェン（一七七〇～一八二七）が音楽家として田園を讃えたことも、この時代のそうした特徴を表しています。また、政治においても、女性解放運動の先駆者であるメアリー・ウルストンクラフトやゴドウィンのように、人間の最も自然な生活を求めて無政府主義が夢みられる時代でもありました。

＊重農主義：十八世紀後半のフランスで、ルイ十五世の暴政の下で戦争と王権による贅沢によって経済・社会が疲弊した頃に発生した。富の唯一の源泉は農業であるとの立場から、農業生産を重視する理論であり、重商主義を批判し、レッセフェール（自由放任）を主張した。この考え方はアダム・スミスの思想に大きな影響を与えた。また、史上初めて創始者と共通の思想を持った経済学派であるとされる。

(3) 近代の教育観②～「原料モデル」の子ども観と「生産モデル」の形成観～

やがて、こうした「手細工モデル」と「植物モデル」という二つの教育の考え方を根底からくつがえす、いわば大規模な「作る」(生産)という発想の教育へと進んでいくことになりました。

それをここでは、「原料モデル」の子ども観と「生産モデル」の形成観と呼んでおきたいと思います。要するに、子どもを「原料」として特定の製品にまで「生産」する――その近代的工業生産活動のイメージが、「教育」の仕事に対して適用されることになったのです。

十八世紀後半のイギリスを先駆として、一八三〇年代にフランス、アメリカに、一八四〇年代にドイツに相次いでいわゆる産業革命が起こりました。すなわち、各国は産業革命を機転として、本格的な資本主義社会に突入することになったのです。産業革命は生産様式を大きく変え、人々の生活にも多大な影響を及ぼすことになりました。そして、この近代産業における生産方式のイメージを「教育」に採用するにあたっては、いわゆる近代国家の出現が決定的な役割を果たした、といわなければなりません。こうした経済、政治、軍事などの近代化を意図する諸国家の内部において、まさに「生産モデル」にしたがった、いわゆる近代公教育制度が構想されることになったのです。そして、国民の「啓蒙」を目的とする近代公教育制度、および「近代学校」が、国家が必要とする知識技術の巨大な「教授印刷術」の機関として、出現することになったのです。

この機構のイメージは、古い「粘土モデル」の子ども観と「手細工モデル」の形

成観の場合に比較して、そのスケールにおいてはるかに巨大であり、国民の一人としてその外に逃れる自由を許さない包括的な機構でもありました。とくに、産業革命の発祥国であるイギリスで実施された「ランカスター方式」とは、助教といわれる上級生が下級生を軍隊的に整列させ、号令をかけながら暗誦させるという非常に経済効率主義的な発想に基づくもので、子どもの主体性や自主性などを尊重する余地はありませんでした。

私たちは、少なくとも「教育」のモデルとしてのこのイメージの妥当性に関するかぎり、これが歴史における何がしかの前進を意味するものであったか、それとも、かえって大きな後退を意味するものであったかについて、深い疑問を抱かざるをえません。

こうした妥当性の問題を離れて、その結果を単純に実用のうえから見るとすれば、このモデルとそれによる機構が近代国家の発展に欠きえない寄与をしたことは否定できません。また、近代国家のすべての国民に対して、「読み」「書き」「算」をはじめとする知識・技術の獲得の機会を著しく拡大普及したことも、功績として認められるでしょう。しかし、「教育」のモデルの問題に立ち返って、私たちは、この機構をそのまま理に適った

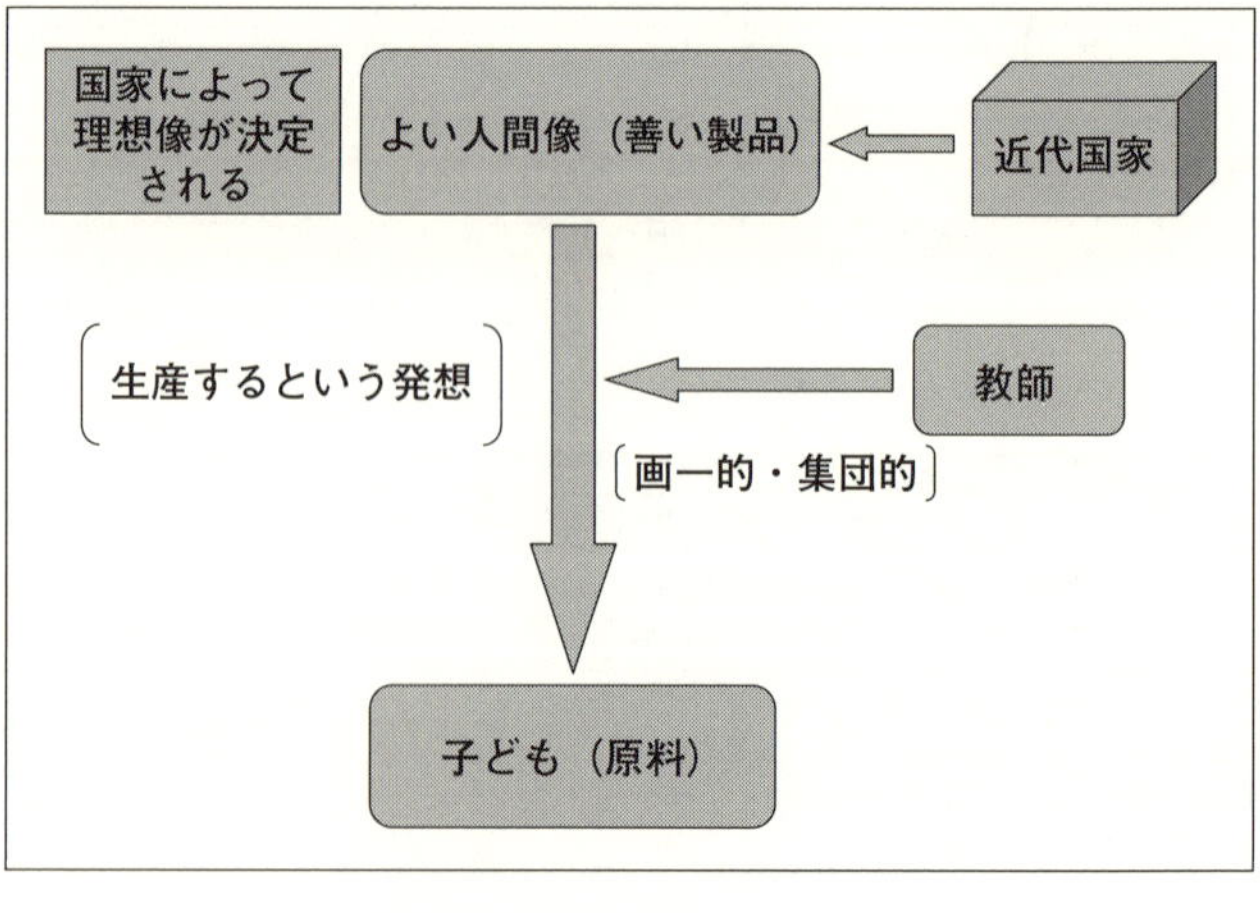

「教育」の機構と呼ぶことについては、少し立ち止まって考える必要があるといえます。

(4) 近代から現代へ～近代公教育制度の進展と新教育運動～

やがて、十九世紀末から二十世紀にかけての時代には、先の原料モデルの子ども観、生産モデルの形成観にもとづく近代公教育制度が成立する一方で、そうした教育の考え方に対して疑問を呈する新教育運動が世界的な興隆を見せるようになります。

すなわち、近代公教育制度の成立によって、すべての子どもの教育を受ける権利は一応保証されることになったわけですが、実際にはそれは産業社会の進展と国家の政治的・軍事的などの関心のもとで、国家有為の人材養成機関として整備・拡充されていくことにより、教育が画一的、注入的な様相を顕著にあらわし、子ども一人一人の人間性を尊重するという関心は希薄でした。このような国家の経済・政治・軍事などの政策の手段と化した教育に対して、ルソーやペスタロッチーなどに見られる人間性を尊重する教育理念にもとづく新たな教育運動が発生しました。この新教育運動の特徴は、何よりも子どもの自由や自主性を尊重し、彼らの興味関心あるいは生活経験にもとづきながら実践するところにありました。

たとえば、その代表的教育思想家として、教育の経験の再構成としての教育を説き、子どもの成長・自己活動を教育の中心に据えて展開すべきであるとして進歩主義教育運動（progressive education）の指導者であり『学校と社会』『民主主義と教育』などの著者としても有名なJ.デューイ（John Dewey, 一八五九～一九五二）や、『児童の世紀』の著書で有名なエレン・ケイ（Ellen Key, 一八四九～一九二六）

があげられます。こうした人々の共通した批判は、「生産モデル」的発想の教育をどのように学ぶ側である子どもから教育を発想するかという点にあったといってよいでしょう。たとえば、デューイは『民主主義と教育』の中で、「成長」という視点から次のように述べています。

「成長は生命に特有のものであるから、教育は成長することと全く一体のものであり、それはそれ自体を越えるいかなる目的ももたない。学校教育の価値の基準は、それが連続的成長への欲求をどの程度までつくり出すか、そして、その欲求を実際に効果のあるものにするための手段をどの程度まで提供するかということなのである。[7]」

このようにデューイの主張は、教育の目的とは子どもの連続的成長への可能な限りの働きかけと理解することができます。こうした問題は、むしろ現代にも引き継がれている課題であるといわなければなりません。

2　日本の場合～戦後から現代まで～

それでは次に、日本の教育はどのように展開されていったのでしょうか。特にここでは、昭和二十年から現代までのあゆみを見ていくことにしましょう。

(1) 民主主義教育への出発

一九四五（昭和二十）年、日本は無条件降伏によって、第二次世界大戦が終結しました。その結果、日本は、先に紹介した生産モデルの考え方に基づく天皇中心の軍国主義的国家主義体制を破棄し、アメリカの指導の下に、一人一人の人間を尊重する民主主義国家の道を歩み始めました。日本占領の任にあたったマッカーサーを総司令官とするＧＨＱ（連合軍総司令部）は、昭和二十年十月から十二月にかけて、次の諸指令を出して日本の教育改革の第一歩を踏み出しました。

十月二二日：「日本教育制度に対する管理対策」に関しての指令

十月三十日：「教員及び教育関係管の調査、除外、認可」に関しての指令

十二月十五日：「神道を国家から分離し学校から神道教育を排除すること」に関しての指令

十二月三一日：「修身、日本歴史及び地理の停止」に関しての指令

翌一九四六（二一）年、アメリカ教育使節団が来日し、『アメリカ教育使節団報告書』をまとめて、戦後日本の新たな教育の根本方針を決定しました。同報告書では、従来の戦前の日本の教育を次のように鋭く批判しています。

「日本の教育制度は、その組織についても、カリキュラムについても、近代の教育理論に基づいて当然改革されなければならなかったであろう。その制度は、一般大衆と一部の特権階級とに別々の型の教育を用意する。高度に中央集権化された、十九世紀的パターンに基づいていた。教授の段階には、期待さ

れるべき一定量の知識があるとして、生徒の能力および興味の差異を無視する傾向があった。指令、教科書、試験、および視学によって、その制度は、教師が職業的自由を発揮する機会を減らしていた。教育の効果は、標準化や画一化がどの程度達成されたかによって測られた。[8]」

こうした見方に立って、さらに同使節団は、次のように民主主義の理念に基づく教育を提案しています。

「われわれの最大の希望は子どもたちにある。子どもたちは、さきに未来の重みを支えているのであるから、重苦しい過去の因襲に抑圧されることがあってはならない。[9]」

「民主主義の生活に適応した教育制度は、個人の価値と尊厳との認識をその基本とするであろう。それは、各人の能力と適性に応じて、教育の機会を与えるように組織されるであろう。（中略）民主主義における教育の成功は、画一性や標準化によって測られることはできないのである。[10]」

このように、まず教育を子どもの立場からとらえ、さらに個人の価値と尊厳を重んじ、教育の機会均等に基づく教育制度の実現がめざされることになりました。

この報告書を参考として、日本側は同使節団に協力する目的でつくられた日本側委員会（教育刷新委員会）によって「教育基本法」が作成されました。これは、日本国憲法（昭和二一年）の精神に則った最初

教育基本法（1947 年 3 月 31 日）

われらは、さきに、日本国憲法を確定し、民主的で文化的な国家を建設して、世界の平和と人類の福祉に貢献しようとする決意を示した。この理想の実現は、根本において教育の力にまつべきものである。

われらは、個人の尊厳を重んじ、真理と平和を希求する人間の育成を期するとともに、普遍的にしてしかも個性ゆたかな文化の創造をめざす教育を普及徹底しなければならない。

ここに、日本国憲法の精神に則り、教育の目的を明示して、新しい日本の教育の基本を確立するため、この法律を制定する。

第一条（教育の目的）教育は、人格の完成をめざし、平和的な国家及び社会の形成者として、真理と正義を愛し、個人の価値をたつとび、勤労と責任を重んじ、自主的精神に充ちた心身ともに健康な国民の育成を期して行われなければならない。

第二条（教育の方針）教育の目的は、あらゆる機会に、あらゆる場所において実現されなければならない。この目的を達成するためには、学問の自由を尊重し、実際生活に即し、自発的精神を養い、自他の敬愛と協力によつて、文化の創造と発展に貢献するように努めなければならない。

第三条（教育の機会均等）すべて国民は、ひとしく、その能力に応ずる教育を受ける機会を与えられなければならないものであつて、人種、信条、性別、社会的身分、経済的地位又は門地によつて、教育上差別されない。

2 国及び地方公共団体は、能力があるにもかかわらず、経済的理由によつて修学困難な者に対して、奨学の方法を講じなければならない。

第四条（義務教育）国民は、その保護する子女に、九年の普通教育を受けさせる義務を負う。

2 国又は地方公共団体の設置する学校における義務教育については、授業料は、これを徴収しない。

第五条（男女共学）男女は、互に敬重し、協力し合わなければならないものであつて、教育上男女の共学は、認められなければならない。

第六条（学校教育）法律に定める学校は、公の性質をもつものであつて、国又は地方公共団体の外、法律に定める法人のみが、これを設置することができる。

2 法律に定める学校の教員は、全体の奉仕者であつて、自己の使命を自覚し、その職責の遂行に努めなければならない。このためには、教員の身分は、尊重され、その待遇の適正が、期せられなければならない。

第七条（社会教育）家庭教育及び勤労の場所その他社会において行われる教育は、国及び地方公共団体によつて奨励されなければならない。

2 国及び地方公共団体は、図書館、博物館、公民館等の施設の設置、学校の施設の利用その他適当な方法によつて教育の目的の実現に努めなければならない。

第八条（政治教育）良識ある公民たるに必要な政治的教養は、教育上これを尊重しなければならない。

2 法律に定める学校は、特定の政党を支持し、又はこれに反対するための政治教育その他政治的活動をしてはならない。

第九条（宗教教育）宗教に関する寛容の態度及び宗教の社会生活における地位は、教育上これを尊重しなければならない。

2 国及び地方公共団体が設置する学校は、特定の宗教のための宗教教育その他宗教的活動をしてはならない。

第十条（教育行政）教育は、不当な支配に服することなく、国民全体に対し直接に責任を負つて行われるべきものである。

2 教育行政は、この自覚のもとに、教育の目的を遂行するに必要な諸条件の整備確立を目標として行われなければならない。

第十一条（補則）この法律に掲げる諸条項を実施するために必要がある場合には、適当な法令が制定されなければならない。

の教育立法であり、旧来の勅令主義（天皇の意思の表明としての「教育勅語」を基本原理とするもの）を法律主義（国民の意向を反映する「教育基本法」を基本原理とするもの）への転換を意味しました。構成的には、序文と十一条からなる内容と附則から成り立っており、「真理と平和を希求する人間」の育成をめざした民主主義教育の根本理念をはじめ、九年間の義務教育（第四条）や男女共学（第五条）、さらに政治・宗教の公教育における中立性（第八条・第九条）などが短文でまとめられています。

また同年には、戦後教育の骨組をつくり教育改革を具体化した「学校教育法」が制定されています。その特色は、六・三・三・四制に基づく単線型の学校の制度化、中学校を含めた義務教育の九年への延長とそれにともなう普通教育の普及向上、高等教育の普及と学術の進展を図るための大学の門戸開放などがあげられます。ちなみに、同法の第一条に定められた学校は、「小学校、中学校、高等学校、中等教育学校、

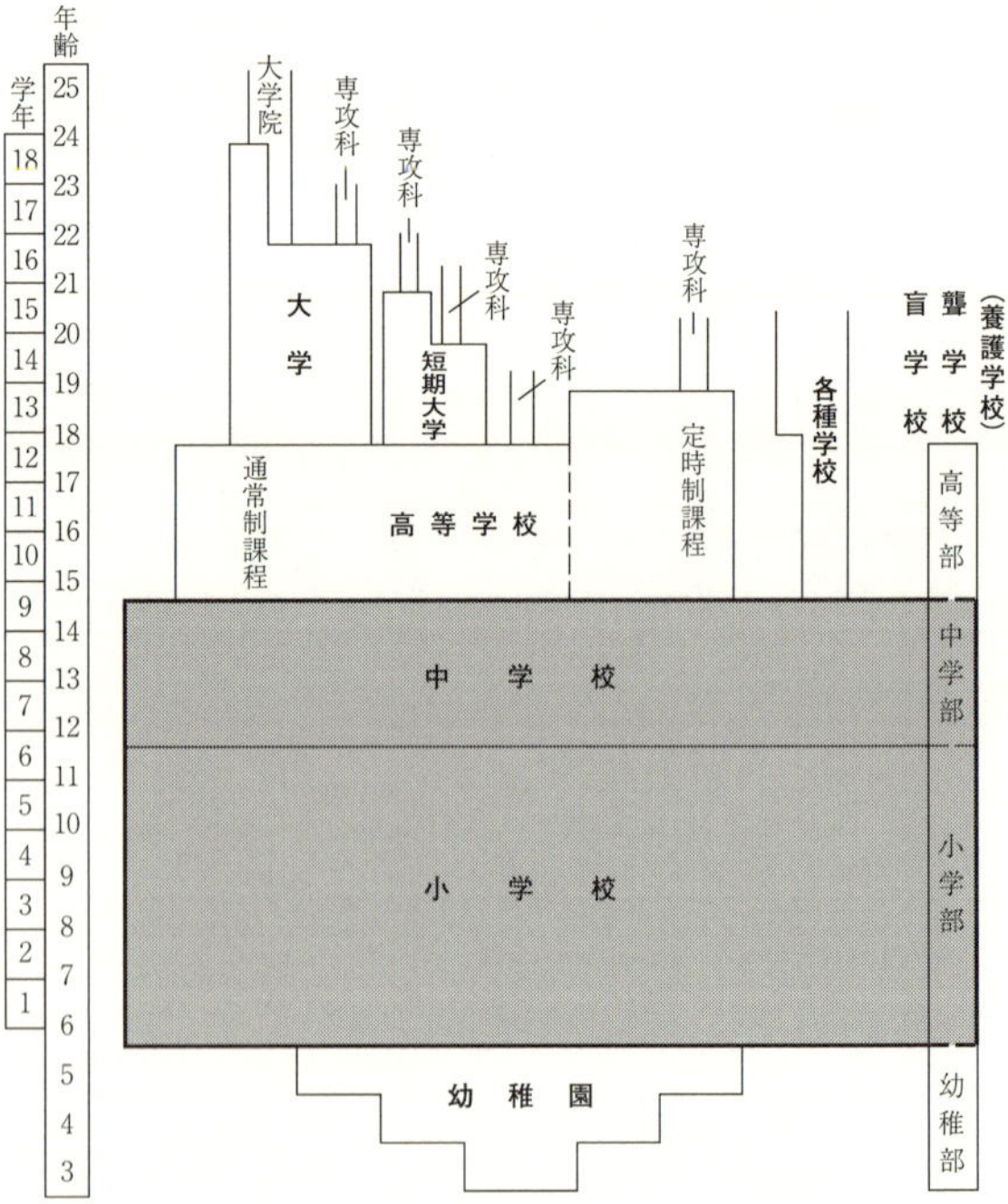

六・三・三・四制による戦後の教育制度

大学、高等専門学校、盲学校、聾学校、養護学校および幼稚園」であり、これを一般に「一条校」と呼んでいます。この学校教育法は、一九四七（昭和二二）年四月一日から施行され、小・中学校は同日に、高等学校は翌二三年に、大学は二四年にそれぞれ発足しました。

昭和二三年には、教育行政改革の重要な一つとして、「教育委員会法」が制定されました。ここでは、民主化、地方分権などを基本理念とする教育行政のあり方が示されました。

また、学校教育における新たな教育方法としては、アメリカのデューイ（一八五九～一九五二）に代表される子どもの興味や関心を生かし、子どもの生活経験を手がかりとしながら活動的に学習する教育の考え方にもとづく経験主義教育の影響の下、個性尊重、生活経験の重視、問題解決学習の導入など、自由主義的な色彩の濃いものとなり、戦前の知識注入型の教育方法は一新されました。なお問題解決学習とは、児童生徒の生活経験から興味や関心のある問題をとりあげ、その解決過程で具体的な活動を通して思考を誘発、展開し、問題解決の能力を養う教授・学習形態です。さらに教育課程では、新教科として発足した社会科を中心に、子どもの生活経験を中核に据える「コア・カリキュラム」が実施されました。

(2) 戦後教育行政の転換～「子ども中心」から「国家中心」へ～

このように、敗戦後日本は、「個人の尊厳の尊重」にもとづく民主主義的教育の実現に向けてスタートしました。

しかし、昭和三十年前後から再び文部省主導の国家統制が進行していくことになります。その原因は、いくつか考えられます。まず一つは、新教育それ自体の問題です。十分に理解され消化されていない外国の経験主義教育や問題解決学習の実践により、学力の低下やモラルの低下などを引き起こしたことです。二つ目は、朝鮮戦争（一九五〇～五一）などによる米ソの対立の高まりを背景としたアメリカからの反共産主義圏に対する自由主義陣営としての日本人の育成への強い要望です。その反映として、政府文部省と日本教職員組合（日教組）*との対立が激しくなり、教育界に混乱をもたらしてくることになります。教育行政もしだいに中央集権化し、文部省主導の動きがしだいに顕著に認められるようになっていきました。

*日本教職員組合…日本の教員・学校職員による労働組合の連合体である。略称は、日教組（にっきょうそ）。教員の労働組合連合体としては日本最大であり、日本労働組合総連合会（連合）、公務公共サービス労働組合協議会（公務労協）、教育インターナショナル（ＥＩ）に加盟している。

具体的には、一九五六（昭和三一）年に教育委員が公選制から任命制になり、教育委員（都道府県・市町村の行政委員

「学テ教育体制」の実態と問題

（一九六四年一〇月三〇日、香川・愛媛「文部省学力調査問題」学術調査団報告書）

調査の結果明らかになったことの、第一は、両県における大多数の小、中学校において、文部省学力調査のための「準備教育」が、明らかな行政指導のもとで行なわれており、しばしば、それが常識の域をこえる程度におよんでいる、ということである。文部省の学力調査の「準備教育」が行なわれたのでは、文部省のかかげる調査目的も達せられるものではあるまい。

第二に、入学試験の「準備」と全国一斉学力調査、いわゆる学力テストとからみ合って、学校教育全体がいわば「テスト教育体制」になっている傾向である。〇×テストによい成績をあげることが教育の目的のようになり、子どもの創造力や責任感や協力の態度など、人間として重要な資質の形成がないがしろにされているおそれがある。

第三は、このような学校教育のあり方が、教育行政当局の意図的な「指導」によってうみだされていることである。教師や校長は、それにいくたの疑いと批判とをいだいていても、どうすることもできない状態に追い込まれている。

第四は、学力テストが教師の勤務評定と結びついて、教育を「荒廃」させる原因となっている、とみられることである。勤務評定をよくするには学力調査の成績を上げなければならぬ、とされ、そのために不正な手段すら取られている事例が多く語られた。ひとことでいって、教師の人権の剥奪が、教師の権威の喪失、子どもの正義感の破壊に連なっているとみられることを深く憂えざるをえない。

第五は、このような遺憾きわまる実情のなかで、少数ながら、真に子どもを愛し、民主教育を守ろうと、圧迫に堪えて誠実な努力をかさねている教師、そして父母がある、ということである。われわれはここに一条の光をみいだす。われわれはその光が消えることなく、いよいよ大きくなっていくことを願う。（略）

会の構成員で非常勤の特別職地方公務員）が地方教育行政の組織および運営に関する法律により、公選された首長が議会の同意を得て任命することになりました。それは、教育行政における国、都道府県、市町村の連携ないし一体性を確保することであり、つまり教育行政の「タテ」の系列を強化するねらいがあったと考えられます。

一九五八（昭和三三）年には、公立学校教職員の「勤務評定」が実施されることになりました。一般に「勤務評定」とは、職員の勤務成績と職務遂行に直接関連する職員の性格・能力・適性などを公正に評価し記録することによって、人事管理の適正を図ることを目的としたものでした。これも、学校管理体制に、校長、教頭、教務主任、一般教員という職階制を導入することでやはり校内における「タテ」の系列の強化をねらいとするものでした。さらに同年、学習指導要領が文部省「告示」という形で官報に公示され、法的な権限が強化されることになりました。また、小・中学校に「道徳の時間」が特設の時間として教育課程に組み込まれ、高校でも「倫理・社会」が設けられたのもこの年です。

学習方法も、先に紹介した問題解決学習から「系統学習」へと転換していきました。「系統学習」とは、教師主導によって科学・学問の基本を子どもの発達や理解力および順次性を踏まえて、系統的・体系的に教える学習方法です。

やがて、日本では昭和三十年代中期から後期にかけて、いわゆる高度経済成長という社会状況を背景に、人的能力の向上や科学技術教育の振興といった経済界からの教育要求が高まりをみせることになります。

一九六〇（昭和三五）年に、当時の池田内閣が経済政策を最優先課題として「国民所得倍増計画」を打ち出したのを受けて、文部省は「人的開発政策（Man Power Policy）」を打ち出しました。さらに翌一九六一（昭和三六）年には、文部省は人的開発の理由から、全国の中学校二年生と三年生に一斉学力調査（国語と数学）を実施しました。なおこれは、過度の準備教育や学校教育全体が「テスト教育体制」になっているといった批判があがり、一九六四（昭和三九）年で全国一斉の学力調査は終了しています。教育課程においても、系統的に教えられ内容も量的に増加していきました。

さらに、一九六六（昭和四一）年には、こうした経済界の要請に応えて、文部大臣の諮問機関である中央教育審議会の答申の「別記」として『期待される人間像』が発表されました。とくに当時、「国家を正しく愛することが国家に対する忠誠である」「日本国の象徴たる天皇を敬愛することは、その実態たる日本国を敬愛することに通じる」という表現の理解をめぐって議論されましたが、そもそもよい人間像を国家が国民の上に掲げるという根本的問題がここにはあるといわなければなりません。

(3) ゆとり教育の背景と特徴

このように、日本が高度経済成長の時代を迎えるのと呼応する形で、高校への進学率も上昇していきました。表1で示すように、高校進学率は一九五〇（昭和二五）年には四二.五%であったのが、一九六〇（昭和三五）年には五七.七%、一九六五（昭和四十）年には七〇.七%、一九七〇（昭和四十五）年には八二.一%に達しています。

一九七〇年代半ばに九〇％を超えた高校進学率は、受験競争をあおることになりました。それは、以前は一部の中学生たちだけが直面していた「受験」という問題に、日本の大多数の中学生が直面することになったのです。

高度経済成長を背景に、この時期支配的になっていった学校をめぐる価値観は、偏差値的にレベルの高い学校を卒業し、一流の企業に入社すれば、一生が保証されるというものです。すなわち、受験競争に勝ち抜くことが、将来、経済競争で勝ち抜くための大切なステップになっていきました。

そしてこれは、受験競争についていけない、あるいはこの体制を支える価値観から逸脱する子どもたちを生じさせることになりました。つまり、彼らは、一般に「落ちこぼれ」や「積み残し」という言葉の中で枠づけられていくことになっていったのです。その結果、著しい経済成長によって、モノがあふれ一見豊かな社会にはなったが、その反面、青少年の非行・問題行動が多く発生し始めました。

具体的には、一九七〇年代後半以降、次第に八十年代半ばに向かって校内暴力（器物損壊、生徒間暴力、対教師暴

表１　高等学校進学率（中学校卒業者にしめる割合 %）

年	進学	就職
1950（昭和 25）	42.5	?
55（昭和 30）	51.5	42.0
60（昭和 35）	57.7	38.6
65（昭和 40）	70.7	26.5
70（昭和 45）	82.1	16.3
75（昭和 50）	91.9	5.9
80（昭和 55）	94.2	3.9
85（昭和 60）	94.1	3.7
90（平成 2）	95.1	2.8
95（平成 7）	96.7	1.5

（総務庁統計局編『日本統計年鑑』より）[11]

力）、不登校（当時は「登校拒否」と呼ばれた）、いじめなどが深刻な社会問題として論じられるようになりました。このような状況を打開していく方策として、文部省は、一九七六（昭和五一）年に教育課程審議会が「ゆとりある教育」を答申し、「ゆとりと充実を」「ゆとりと潤いを」のスローガンの下に、小学校は一九八〇年度、中学校は一九八一年度、高等学校は一九八二年度からゆとり教育が開始されました。具体的には、学習内容及び時数の精選削減、教科指導を行なわない「ゆとりの時間」などが実施されました。しかし、これはいわば上から与えられた「ゆとり」であり、子どもたち一人一人からの発想ではなく、国家の経済的行き詰まりの打開策などとしての政治的意図をもった形式的「ゆとり」であったと筆者は考えています。

一方、政府としては、こうした文部省による内容・方法の部分的な改革では不十分であるとして、一九八四（昭和五九）年、当時の首相である中曽根康弘が、明治以来の第三の教育改革として抜本的改革の必要から「臨時教育審議会」が設けられました。これは、一九八七（昭和六二）年の第四次答申（最終答申）まで行なわれました。その主要な点をあげれば次の通りです。

①戦後改革で強調された人格の完成や個人の尊重、自由の概念などの未定着とわが国の伝統・文化の正しい認識の必要
②しつけや徳育の軽視や、権利と責任の均衡の喪失に対する見直しの必要
③教育の画一性、形式的平等傾向の是正
④受験競争の過熱による知識偏重などの問題解決

⑤学校教育の閉鎖的、画一的、硬直的体質の是正
⑥大学教育の閉鎖性および世界的要請への不十分さ
⑦生涯にわたる国民の多様かつ高度な学習要求に応え得る生涯学習体系への移行
⑧国際化、情報化、高齢化を含む社会全体の成熟化など21世紀へ向けての経済・社会の急激な変化に対応し得る文教行政の展開

これらの内容は、教育基本法の改正をはじめ、その後の教育の具体的な改革を方向付けるものとなっていきました。それぞれの内容項目を見る限り、それ自体重要なものが多いかもしれません。ただし、むしろ根本的な問題は、あくまで国家（政府）主導によるものであるということです。

平成期に入り、依然このゆとり教育路線が進行していきました。一九八九（平成元）年には、学習指導要領が改正（小学校は一九九二年度、中学校は一九九三年度、高等学校は一九九四年度から施行）され、特にゆとり教育に基づく新学力観を導入し、学習内容及び授業時数の削減。小学校の第一学年及び第二学年の社会及び理科を廃止して、教科「生活」が新設されました。その特徴としては、具体的な活動や体験を通して学ぶ内容を自分とのかかわりにおいて総合的に学ぶことにありました。

さらに一九九六（平成八）年には、第十五期中教審が「生きる力」という理念を示しました。具体的な趣旨は次のようなことです。

「我々はこれからの子供たちに必要となるのは、いかに社会が変化しようと、自分で課題を見つけ、自

ら学び、自ら考え、主体的に判断し、行動し、よりよく問題を解決する資質と能力であり、また、自らを律しつつ、他人とともに協調し、他人を思いやる心や感動する心など、豊かな人間性であると考えた。たくましく生きるための健康や体力が不可欠であることは言うまでもない。我々は、こうした資質や能力を、変化の激しいこれからの社会を「生きる力」と称することとし、これらをバランスよく育んでいくことが重要であると考えた。[12]」

この内容からもわかるように、「生きる力」の育成とは、知・徳・体をバランスよく育んでいく全人的な力の育成ということを意味しています。政府は、一九九八（平成十）年から二〇〇三（平成十五）年にかけて、こうした「生きる力」を理念としたゆとり教育の下で具体的に展開していくことになりました。その第一が、児童・生徒が自ら課題を見つけ、主体的に判断し、問題解決できる能力を育てることをねらいとした「総合的な学習の時間」の導入です。第二は、従来の学校中心の教育への反省から、家庭と地域社会における教育力を回復し、それら三者の連携を強化することによって子どもたちの生きる力を育んでいこうということを意図した「完全学校週五日制」の実施です。第三は、これまでの教育内容の「厳選」をねらった教科内容の三割削減です。そして第四は、これまでの相対評価であったものを「絶対評価」に変更し導入したことです。

(4) 脱ゆとり教育への転換

こうしたゆとり教育が具体的に展開される中で、やがて、OECD 生徒の学習到達度調査（PISA2003）国際数学・理科教育調査（TIMSS2003）の結果が発表され、日本の学力低下が大きな問題とされることになりました。そしてその問題は、ゆとり教育への批判となっていきました。二〇〇五（平成十七）年には、当時の中山文部科学大臣が、学習指導要領の見直しを中央教育審議会に要請し、さらに二〇〇七（平成十九）年には、OECD 生徒の学習到達度調査（PISA2006）の結果が発表され、日本の点数低下がさらに問題となり、安倍晋三首相の下「教育再生」と称して、ゆとり教育の見直しが着手され始め、いわゆる脱ゆとり教育へ路線が変更されていきました。同年、全国学力・学習状況調査が始まり、二〇〇九（平成二一）年には、小・中学校ともに総合的な学習の時間と選択教科が削減されることになりました。

また、先に紹介した臨教審の基本方針にしたがい、二〇〇〇（平成十二）年には「教育改革国民会議」が小渕恵三総理大臣の諮問機関として発足し、これからの教育の十七の提言を行ないました。とくにこの中では、教育基本法改正問題が大きく浮上してくることになり、二〇〇六（平成十八）年十二月十五日、新しい教育基本法が、第一六五回臨時国会において成立し、十二月二十二日に公布・施行されました。

二〇〇八（平成二十）年には、学習指導要領が改訂され、〈確かな学力〉を基盤とした〈生きる力〉の育成をめざして、とくに重点内容として、①あらゆる学習の基盤となる「言葉の力」の涵養、②国際的水準から見て恥ずかしくない「理数系学力」の育成、③我が国の先人が積み重ねてきた「伝統文化」の継承、④自然体験や福祉体験、勤労体験など「多様な体験」の導入、⑤国際化の進展に伴う「小学校からの英語学習」の実施、⑥道徳教育の充実などが課題として挙げられました。

言語力育成については、知的活動（論理や思考）やコミュニケーション、感性・情緒の基盤であることから、国語科だけでなく、各教科等でレポート作成や論述を行なうといった言語活動を指導上位置付け、充実を図っていくことが求められるようになりました。また、言語活動を支える条件として、教材の充実や読書活動の推進なども重要視されました。理数教育では、学術研究や科学技術の世界的な競争が激化するなどの変化の中で、国際的な通用性や内容の系統性などを踏まえた指導内容の見直しを行なうことを目的として、カリキュラム内容等の改訂が行なわれることになりました。具体的には、たとえば二次方程式の解の公式（数学）や、イオン、遺伝、進化（理科）などを高校から中学校に移行するなどです。また、算数・数学や理科の授業時数を増加して、繰り返し学習、観察・実験やレポートの作成、論述などを行なう時間を確保し、数学や科学に対する関心や学習意欲を高めることとしました。また、英語教育については、文部科学省は二〇一三（平成二五）年一月に、グローバル人材育成に向けての英語教育改革案を発表し、その後、小学校三年生から英語活動は必修化（週一時間）、小五・六年生は成績がつく教科へ（週三時間）、二〇二〇（平成三二）年度の完全実施を目指しています。今まで、五年生から必修化をされていた英語は、三年生からの必修化へとさらに早期化しています。英語が教科化されるということは、テストが行なわれ、通知表には数値による成績がつくようになるということです。このため、小学校五・六年生では中学校の学習内容が一部前倒しになると考えられています。さらに道徳教育については、とくに教育基本法改正時に「道徳心」「郷土と国を愛する心」「公共の精神」などが盛り込まれて以降、道徳教育の一層の充実が強調されることとなりました。二〇〇八（平成二十）年の『小学校学習指導要領解説道徳編』『中学校学習指導要領解説道徳編』では、道徳の時間を要とし、二〇一一（平成二三）年九月の大津いじめ事件を契機として、翌年頃から道徳の教科化の論議が再び起こりました。そして、二〇一三（平成二五）年の「道徳教育の充実に関する懇談会」、二〇一四（平成二六）年の「中教審初等中等教育分科会教育課程部会道徳教育専門部会」、さらに翌年の学習指導要領の見直しを経て、二〇一八（平成三十）年度から現在の道徳の時間が「特別の教科道徳（道徳科）」と教科となることになりました。

改正 教育基本法（2006年12月22日）

我々日本国民は、たゆまぬ努力によって築いてきた民主的で文化的な国家を更に発展させるとともに、世界の平和と人類の福祉の向上に貢献することを願うものである。

我々は、この理想を実現するため、個人の尊厳を重んじ、真理と正義を希求し、公共の精神を尊び、豊かな人間性と創造性を備えた人間の育成を期するとともに、伝統を継承し、新しい文化の創造を目指す教育を推進する。

ここに、我々は、日本国憲法の精神にのっとり、我が国の未来を切り拓く教育の基本を確立し、その振興を図るため、この法律を制定する。

第一章 教育の目的及び理念

（教育の目的）
第一条 教育は、人格の完成を目指し、平和で民主的な国家及び社会の形成者として必要な資質を備えた心身ともに健康な国民の育成を期して行われなければならない。
（教育の目標）
第二条 教育は、その目的を実現するため、学問の自由を尊重しつつ、次に掲げる目標を達成するよう行われるものとする。
一 幅広い知識と教養を身に付け、真理を求める態度を養い、豊かな情操と道徳心を培うとともに、健やかな身体を養うこと。
二 個人の価値を尊重して、その能力を伸ばし、創造性を培い、自主及び自律の精神を養うとともに、職業及び生活との関連を重視し、勤労を重んずる態度を養うこと。
三 正義と責任、男女の平等、自他の敬愛と協力を重んずるとともに、公共の精神に基づき、主体的に社会の形成に参画し、その発展に寄与する態度を養うこと。
四 生命を尊び、自然を大切にし、環境の保全に寄与する態度を養うこと。
五 伝統と文化を尊重し、それらをはぐくんできた我が国と郷土を愛するとともに、他国を尊重し、国際社会の平和と発展に寄与する態度を養うこと。
（生涯学習の理念）
第三条 国民一人一人が、自己の人格を磨き、豊かな人生を送ることができるよう、その生涯にわたって、あらゆる機会に、あらゆる場所において学習することができ、その成果を適切に生かすことのできる社会の実現が図られなければならない。
（教育の機会均等）
第四条 すべて国民は、ひとしく、その能力に応じた教育を受ける機会を与えられなければならず、人種、信条、性別、社会的身分、経済的地位又は門地によって、教育上差別されない。
2 国及び地方公共団体は、障害のある者が、その障害の状態に応じ、十分な教育を受けられるよう、教育上必要な支援を講じなければならない。
3 国及び地方公共団体は、能力があるにもかかわらず、経済的理由によって修学が困難な者に対して、奨学の措置を講じなければならない。

第二章 教育の実施に関する基本

（義務教育）
第五条 国民は、その保護する子に、別に法律で定めるところにより、普通教育を受けさせる義務を負う。
2 義務教育として行われる普通教育は、各個人の有する能力を伸ばしつつ社会において自立的に生きる基礎を培い、また、国家及び社会の形成者として必要とされる基本的な資質を養うことを目的として行われるものとする。
3 国及び地方公共団体は、義務教育の機会を保障し、その水準を確保するため、適切な役割分担及び相互の協力の下、その実施に責任を負う。
4 国又は地方公共団体の設置する学校における義務教育については、授業料を徴収しない。
（学校教育）

第六条　法律に定める学校は、公の性質を有するものであって、国、地方公共団体及び法律に定める法人のみが、これを設置することができる。
2 前項の学校においては、教育の目標が達成されるよう、教育を受ける者の心身の発達に応じて、体系的な教育が組織的に行われなければならない。この場合において、教育を受ける者が、学校生活を営む上で必要な規律を重んずるとともに、自ら進んで学習に取り組む意欲を高めることを重視して行われなければならない。
（大学）
第七条　大学は、学術の中心として、高い教養と専門的能力を培うとともに、深く真理を探究して新たな知見を創造し、これらの成果を広く社会に提供することにより、社会の発展に寄与するものとする。
2 大学については、自主性、自律性その他の大学における教育及び研究の特性が尊重されなければならない。
（私立学校）
第八条　私立学校の有する公の性質及び学校教育において果たす重要な役割にかんがみ、国及び地方公共団体は、その自主性を尊重しつつ、助成その他の適当な方法によって私立学校教育の振興に努めなければならない。
（教員）
第九条　法律に定める学校の教員は、自己の崇高な使命を深く自覚し、絶えず研究と修養に励み、その職責の遂行に努めなければならない。
2 前項の教員については、その使命と職責の重要性にかんがみ、その身分は尊重され、待遇の適正が期せられるとともに、養成と研修の充実が図られなければならない。
（家庭教育）
第十条　父母その他の保護者は、子の教育について第一義的責任を有するものであって、生活のために必要な習慣を身に付けさせるとともに、自立心を育成し、心身の調和のとれた発達を図るよう努めるものとする。
2 国及び地方公共団体は、家庭教育の自主性を尊重しつつ、保護者に対する学習の機会及び情報の提供その他の家庭教育を支援するために必要な施策を講ずるよう努めなければならない。
（幼児期の教育）
第十一条　幼児期の教育は、生涯にわたる人格形成の基礎を培う重要なものであることにかんがみ、国及び地方公共団体は、幼児の健やかな成長に資する良好な環境の整備その他適当な方法によって、その振興に努めなければならない。
（社会教育）
第十二条　個人の要望や社会の要請にこたえ、社会において行われる教育は、国及び地方公共団体によって奨励されなければならない。
2 国及び地方公共団体は、図書館、博物館、公民館その他の社会教育施設の設置、学校の施設の利用、学習の機会及び情報の提供その他の適当な方法によって社会教育の振興に努めなければならない。
（学校、家庭及び地域住民等の相互の連携協力）
第十三条　学校、家庭及び地域住民その他の関係者は、教育におけるそれぞれの役割と責任を自覚するとともに、相互の連携及び協力に努めるものとする。
（政治教育）
第十四条　良識ある公民として必要な政治的教養は、教育上尊重されなければならない。
2 法律に定める学校は、特定の政党を支持し、又はこれに反対するための政治教育その他政治的活動をしてはならない。
（宗教教育）
第十五条　宗教に関する寛容の態度、宗教に関する一般的な教養及び宗教の社会生活における地位は、教育上尊重されなければならない。
2 国及び地方公共団体が設置する学校は、特定の宗教のための宗教教育その他宗教的活動をしてはならない。

第三章 教育行政

（教育行政）

第十六条 教育は、不当な支配に服することなく、この法律及び他の法律の定めるところにより行われるべきものであり、教育行政は、国と地方公共団体との適切な役割分担及び相互の協力の下、公正かつ適正に行われなければならない。

2 国は、全国的な教育の機会均等と教育水準の維持向上を図るため、教育に関する施策を総合的に策定し、実施しなければならない。

3 地方公共団体は、その地域における教育の振興を図るため、その実情に応じた教育に関する施策を策定し、実施しなければならない。

4 国及び地方公共団体は、教育が円滑かつ継続的に実施されるよう、必要な財政上の措置を講じなければならない。

（教育振興基本計画）

第十七条 政府は、教育の振興に関する施策の総合的かつ計画的な推進を図るため、教育の振興に関する施策についての基本的な方針及び講ずべき施策その他必要な事項について、基本的な計画を定め、これを国会に報告するとともに、公表しなければならない。

2 地方公共団体は、前項の計画を参酌し、その地域の実情に応じ、当該地方公共団体における教育の振興のための施策に関する基本的な計画を定めるよう努めなければならない。

第四章 法令の制定

第十八条 この法律に規定する諸条項を実施するため、必要な法令が制定されなければならない。

附則抄

（施行期日）

1 この法律は、公布の日から施行する。

【注】

1 モンテーニュ／荒木昭太郎訳『エセー』（世界の名著十九）中央公論社、一九六七年、一四〇頁。
2 ルソー／今野一雄訳『エミール（上）』岩波文庫、一九六二年、十八頁。
3 同前書、二三頁。
4 ペスタロッチー／長田新訳『隠者の夕暮・シュタンツ便り』岩波文庫、一九四三年、十頁。
5 フレーベル／荒井武訳『人間の教育（上）』岩波文庫、一九六四年、十四～十五頁。
6 同前書、三四頁。
7 デューイ／松野安男訳『民主主義と教育』岩波文庫、一九七五年、九二頁。
8 村井実全訳『アメリカ教育使節団報告書』講談社学術文庫、一九七九年、二七～二八頁。
9 同前書、十九頁。
10 同前書、三十～三一頁。
11 総務庁統計局編『日本統計年鑑』毎日新聞社、参照。
12 第十五期中央教育審議会答申より。

調べてみよう

◇

① 「スパルタ式教育」で有名なスパルタの教育とはどのようなものだったのか調べてみよう。
② ルソー『エミール』、ペスタロッチー『隠者の夕暮』、フレーベル『人間の教育』、デューイ『民主主義の教育』『学校と社会』のそれぞれの内容を調べてみよう。
③ 近代公教育制度の功罪について調べてみよう。

調べてみよう

◇

④ 問題解決学習と系統学習の違いについて調べてみよう。

⑤ 旧教育基本法と新教育基本法との違いについて調べてみよう。

⑥ ゆとり教育から脱ゆとり教育へと転換した原因について調べてみよう。

第二部

人間のための教育を考える

第三章　人間教育の考え方

1　子ども観について

これまでの二つの章では、はじめに教育を「パイデイア＝子どもをよくしようとすること」と定義し、それに基づいて、教育という営みがどのように考えられてきたのかについて西洋と日本の歴史を通して見てきたわけです。そのことからまずわかることは、歴史は繰り返されているということであり、教育についての考え方は無数にあるように見えながら、実はいくつかの考え方に類型化できるということです。さらに疑問として浮上してくることは、果たして教育は歴史的に進歩しているといえるのだろうかということです。そのことは、次に問題とする教育の思想、とりわけ子どもの観方（子ども観）に起因しているのではないかと私は考えています。

このようなことから、この章ではまずこれまでの子ども観の問題をあらためて吟味し、その上で新たな子ども観を提示してみたいと思います。その新たな子ども観にもとづいて、人間にとって相応しい教育を考えていくことにしましょう。

(1) これまでの子ども観

すでに第二章で、西洋の教育の歴史的展開を通してモデル名で子ども観を類型化しました。すなわち、「粘土モデル」「植物モデル」「原料モデル」の子ども観です。「粘土モデル」と「原料モデル」の子ども観は、いわば子どもを〝作られる存在〟あるいは〝生産される人材〟とみなしている点に特徴があり、一方「植物モデル」の子ども観は子どもは〝本来よいもの〟であり、そのよさをできるだけ損なわないように育てていく（成らせていく）対象とみなしている点に特徴があります。これらをさらに性質という観点から分類すれば、おおよそ次のようになります。

①性悪説的子ども観
②性白紙説的子ども観
③性善説的子ども観

すなわち、粘土モデルと原料モデルの子ども観は、上に掲げた①と②にあてはまると考えられます。すなわち、①子どもというものは本性として悪いものあるいはダメなものであり、外部からよいことを注入してそれをいわば矯正していくという考え方、また②もともと子どもは白紙のようなものであり、やはり外部から決定されたよいといわれる色を染め付けていくという考え方です。これらの考え方は、明らかに教える側が主体であり、子どもの内部の働きというものについては軽視あるいは無視しているといわなければなりません。このこと自体、教育上問題であるといえます。それに対して、「植物モデル」の子ども観は、③の性善説的子ども観に匹敵するといえます。「創造主の手を出るときはすべてがよい……」というルソーの『エミール』の冒頭文でも明らかなように、生来子どもとはよいものであり、なるべくそれを損なわないように育んでいくことが大切であるということになります。しかしここで問題なのは、以前にも述べましたように、もともと働きかける対象がよい存在で何もしないほうがよいということになれば、教育という営み自体に矛盾が生じてくることになります。教育は、さまざまな場合において、積極的に働きかけていくことがあります。ルソーは、『エミール』の中でも、消極教育を提唱しながらかなり積極的に働きかけている部分が見受けられます。もちろんルソーの意図は、自己矛盾を覚悟の上で、①や②のような子ども観を根底から批判するところにあったと考えられます。

これまでの子ども観を考えた場合、おおよそこの三つの子ども観のどれかであると考えられます。とりわけ、性悪説的子ども観と性善説的子ども観は、いわば二項対立的にとらえられ、前者では管理主義的教育が、後者の立場では放任主義的教育がそれぞれ主張され、とくに戦後の日本では、歴史的に、「ゆとり教育」と「脱ゆとり教育」、「問題解決学習」と「系統学習」を見ても、両者が交互に登場してきているといってよいでしょう。

当然こうしたこれまでの二項対立的な子ども観が限界に来ていることは明らかであり、新たな子ども観

子ども観としてどのような観方が考えられるでしょうか、その点を次に考えてみましょう。

⑵ これからの子ども観～性向善説的子ども観～

その第四の子ども観を、ここでは便宜上「性向善説的子ども観」と呼んでおきたいと思います。みなさんは、あるいは③の性善説的子ども観に「向」という一字を付けただけではないかと思われるかもしれませんが、全く異なる考え方なのです。すなわち、この子ども観は、子どもははじめからよいものでもわるいものでも白紙でもなく、子どもたちの内部に、いわば「よさに向かおう」とする潜在的な働きが備わっているという考え方です。ここでの「よさに向かおうとする潜在的な働き」とは、「よい人間とは何か」「よい生き方とは何か」など、どこまでもよさを求めていくということであり、いいかえれば何がよいのかを考えつづけていくということです。したがって、もともとよいという考え方の性善説的子ども観とは根本的に異なるといわなければなりません。

学校などで、一見よさなど求めているように表面的には見えない子どもでも、本質的にはそうした働きを備えているということを認めるということです。つまりそのことは、この子にはそうした働きがあり、あの子にはないということではないということです。

多少抽象的になりますが、「よさに向かう」や「よさを求める」といったときの「よさ」とは、第一章でも説明しましたように、教育の目的や目標です。その場合、二つの考え方があります。一つは、「よさ」

とは単に実在としてすでに〝ある〟という考え方です。これを実在主義的な考え方といいます。もう一つは、「よさ」とは人間がどこまでも求めつづけていく永遠の目的や目標であり、名称であるという考え方です。これを唯名《ゆいめい》主義的な考え方といいます。ここで提案している「性向善説的子ども観」の場合は後者の立場となります。つまり、よい人間（子ども）という者ははじめから存在するわけではなく、私たちはむしろ、どこまでも「よい人間」とは何かを考えつづけていく存在なのであり、「よさ」とは名称としての目的ということです。たとえば「よい教師」というものが最初から実在として存在して決定されているる、あるいは誰かがそれを知っているということではなく、よい教師とは何かを考えつづけていくことが重要であるわけです。私たちは、よく「よい子」「わるい子」「普通の子」などと子どもたちを分けて考え、そうしたものとして枠づけて扱う習慣が無意識のうちにありますが、はじめからよい子やわるい子などが存在するわけではないはずです。

(3) 灰谷健次郎の子ども観

次に、以上のような「性向善説的子ども観」の考え方を、灰谷健次郎の子ども観を通してさらに考えてみましょう。

①教師から作家へ

灰谷健次郎（一九三四〜二〇〇四、昭和九〜平成十八年）は、現在児童文学作家として一般に広く知られています。灰谷は、一九三四（昭和九）年兵庫県神戸に六人兄弟の三男として生まれました。少年時代は、少年講談や佐藤紅緑や吉屋信子などの少年少女小説に夢中になっていました。やがて中学に入学しますが、進学組と就職組とに分けられたことが原因で、学校がしだいに嫌になり、「カバンを草むらに隠しては、一日魚つりをしていました。たまに登校するとけんかばかりしていた。」と述懐しています。[1]一九五〇（昭和二五）年、十六歳のとき、灰谷は進学を断念し、さまざまな職を転々としながら、そこで働く人々のやさしさに触れることによって絶望から立ち直ることができました。やがて、一九五二（昭和二七）年十八歳のとき、向学心にめざめ、定時制高校に通い始め、そこで文学や思想問題に関わり、プロレタリア文学小説を熱心に読んだといいます。その後灰谷は、定時制高校で熱心に「向き合ってくれた」先生たちの影響を受け、一九五四（昭和二九）年灰谷二十歳のとき、大阪学芸大学（現・大阪教育大学）に入学しました。学生時代にはやはり文学に興味をもち、とくに詩誌「輪」の同人となっています。一九五六（昭和三一）年、同大学を卒業後、神戸市立の小学校教員となりました。この頃、当時戦後の児童詩運動に参加し、また一方では、当時社会的問題となっていた勤務評定闘争に関わっていました。

　やがて、彼の教師としての生活を根本から崩す不幸な出来事が起こりました。それが、兄の自殺と母の死です。これ以外にも、自身の書いた作品への悩みなどが重なり、三八歳のとき、七年間勤めた教師を辞め、アジアや沖縄を放浪しました。特に、彼が「精神のふるさと」と呼ぶ沖縄を放浪していたときに出会った、次の地元の女性の言葉によって、決定的な影響を受け再び強く歩み始めることになったといいます。

「ハイタニさん。自分をせめて生きて、それで死んだ人がしあわせになれますか。オバチャンたちがこうして元気に暮らしているのは、そうすることで戦争で死んでいった人たちをいつまでも思うことができるからじゃないですか。[2]」

それは、多くの「死」の上に「生」がある、つまり生かされていることへの強い自覚と反省に他なりませんでした。

その後、精力的に児童文学の執筆活動に入っていくことになります。主な作品として、『兎の眼』『太陽の子』『優しさとしての教育』『天の瞳』などがあります。では、このような作品を通して、灰谷の子ども観とはどのようなものでしょうか。

②子ども観

彼の場合も、子どもの内部によさを求める働きを認めようとする基本的姿勢がうかがえます。それを、灰谷は、様々な作品の中で、次のように独特の言葉で表現しています。

○「子どもという激しく燃焼する生命体[3]」
○「子どもの中にも自分の中にも未知なる部分があります。[4]」
○「ほんらい、どの子どもも優しさをもっている。[5]」
○「成長しようとするいのち[6]」
○「なにか大きなものを蔵している人間としての子ども、自ら伸びていこうとする底知れぬエネルギーを秘めている人間としての子ども[7]」
○「あらゆる生命を対等に受けとめる世界をこの子たちはもっている。[8]」

「未知なる部分」という言葉から、『兎の眼』の中の「ああいう子にこそタカラモノがいっぱいつまっている」[9]という鉄三という子どもを評した言葉をそれぞれ思い出します。さらに「どの子どもも優しさをもっている」という表現が見られます。「優しさ」は、彼がしばしば用いる言葉の一つですが、それについて、「優しさというものは情緒の世界にあるのではなく、自らを変え他人をも変える力として存在する。」[10]と説明しています。

つまり灰谷は、「優しさ」とは、自他ともに変化させるほどの力強い働きとしてとらえていることがわかります。その力強い働きとは、いいかえれば「底知れぬエネルギー」を一方に秘め、もう一方で「あらゆる生命を対等に受けとめる」ようなものです。私たちは、このような灰谷の子ども観を、彼の遺作となった『天の瞳』という作品の中に登場する倫太郎という子にその典型を見ることができるでしょう。この作品は、天衣無縫の主人公倫太郎が、幼児期から少年期においてさまざまな人々との出会いを通して成長していく実話にもとづいた小説であり、現在の教育問題に貴重な多くの示唆を与えてくれるものです。その中から、子ども観にかかわる箇所を次に紹介してみましょう。

「誰かが倫太郎ちゃんを台風みたいな子だっていってたけど、うまいことをいうと思った。台風には眼があって、その眼が大きくてきれいなほど台風のエネルギーはすごいでしょう。子どもにはどの子にもそんな天の瞳があって、生命の成長を暗示しているような気がするわ。」[11]

「そう、もっと美しいもの、もっと力強いもの、そして誰も真似できないもの、そのもっともっとという思いが、この絵を生んだと思う。[12]」

「知識のワクからはみ出た、より大きなものが子どもにはあるでしょう。[13]」

灰谷は、どの子にも「天の瞳」、すなわち天から与えられた成長の象徴ともいうべき美しく力強い「瞳」があるといいます。そこには、ある意味で人間教育に関わる最も重要な視点が隠されているといわなければなりません。すなわちそれは、子ども観の背景にある人間観、さらにはその根拠となる世界観、宇宙観にかかわるものであり、より広大な視野から生命体としての人間あるいは子どもをとらえようという共通認識です。灰谷は、その「天」という言葉を用いて、そこに子どもたちの生命の成長を見ます。そして、その生命の成長とは、「美しいもの」や「強いもの」への「もっともっと」という向上心に支えられているのです。この考え方は、先の「性向善説的子ども観」に限りなく近い考え方といえるでしょう。

2　「学ぶ」ということ

これからの子ども観をここでは「性向善説的子ども観」と呼び、その特徴について説明してきました。つまり、さまざまなことについて何がよいのかをどこまでも考えつづけていく働きを潜在的に備えた存在として子どもを捉えるということです。ここで「どこまでも考えつづけていく」という言葉がありますが、このことは人間の「学び」に直接関係していることは明らかです。つまり、「どこまでも考えつづけていく」ということは別な観点からみれば、「学びつづけていく」ということであるといえます。それでは、「学び」とは一体どのようなことでしょうか、次に考えていってみましょう。

(1)「学び」の衰退

わが国では、明治から今日に至るまで、大正期の自由教育運動や昭和二十年代の経験主義教育の時代において「子どもから」教育を考えていこうとした時期を除いて、教育は国家が定めた特定の知識・技術・振舞い方などをある理想的人間像（たとえば「忠良なる臣民」や「期待される人間像」など）の実現のために一方的に注入することによって、しだいに「なぜだろう」「なんだろう」といった知識に対して疑問をもつという行為自体が、とくに学校の中から消失していくことになりました。その原因の一つとしては、教師はそもそも「答え」を持っていてその答えを覚えさせる人であり、一方児童生徒はその「答え」を覚える立場という関係性があるかと思います。つまり、児童生徒の方から教師に自由に質問する、すなわち主体的に「問う」という行為が学校教育上失われていくことになったということです。

そもそも学ぶということには、ある事柄に対して「なぜ?」「何?」といった疑問をいだくことがその基本としてあると考えられます。こうした観点から、これまでの日本の学校教育を歴史的に見たとき、覚えるという暗記中心となっており、そうした疑問をもち主体的に考えるという本来の学びは全体的に希薄であるといわなければなりません。

これに関して、佐伯胖（元東京大学教授）は、「問う」という行為が学校から長い間失われてきたことにより、学べない（学んでいない）人間が登場してきたと指摘し、さらにそのタイプを次のように三つに類型化しています。

第一のタイプは「無気力型人間」です。これについて氏は次のように説明しています。

「無気力型人間というのは、俗にいう『やる気のない』人間、『根性のない』人間で、勉強しろといわれれば、単に『やった』というしるしだけを、最低の要求水準をスレスレで満足させるだけで、他に何事にも興味をもたず、熱中することもなく、毎日毎日をただ何となく生きている人間のことである。」[14]

第二のタイプは、「ガリ勉型人間」です。氏は、このタイプは実をいうと無気力型人間と本質的には全く同じであるといっています。ただ一つの違いは、勉強があくまで『やる』べき作業であり、やっているという動作がそのすべてであると考えている点であると説明しています。

そして第三のタイプは、「ハウ・ツウ型人間」です。このタイプは万事うまくやる方法や手段の問題として知識を考えているというところに特徴がある、と氏は指摘しています。役に立つ知識があれば、マニュアル的にそのまま疑わずにすばやく会得しものにします。しかし、「なぜ？」や「何？」といった知識に対する根本的な問いかけは欠如しているわけです。

以上が、佐伯のいう「学べない人間の三つのタイプ」の主旨です。ここで興味深い点は、第一に無気力型人間とガリ勉型人間が学んでいないという点では同じであるということであり、とりわけガリ勉型人間は一見一所懸命学んでいるかのように見えますが、実は学んでいないということです。第二には、これら三つのタイプすべてが「なぜ?」や「何?」といった本質的な疑問をもっていないという点です。

(2)「学び」の意味と特徴

以上、「学び」について考えてきたとき、「学び」にとって最も重要なことは、獲得しようとする知識や技術などに対して、どこまでも「なぜ?」とか「何?」といった問いかけを主体的に行ないながら習得していくことであるということができます。

すなわち、「学び」とは、本人が興味関心をもつ知識や技術などを主体的に問いながら習得していく連続的行為なのです。また、学ぶ楽しさあるいは醍醐味もそこにあるといえます。これに関して、中村桂子(生命科学誌研究者)の次の文章は、私たちに一つの示唆を与えてくれています。

「なぜあなたは科学の道を選んだのかと聞かれたら、私はためらうことなく、「なぜ?」と考えることが好きだから、そして、今自分が知っているところから、もう一つ次のステップへ進路を探しあてることが面白いからと、答えます。これは、答とは違います。だんだんに自分の世界が広がっていく楽しさであって、外から答が与えられることを求めているのではありません。科学の持つ意味は、こうして自分の世界を広げていくとても着実な道筋であるというところにあると私は思っています。[15]」

このように中村氏は、「なぜ」と考えることの大切さ、そしてそれによって世界が広がっていく楽しさについて自身の経験から述べています。また、学びの特徴をあえて図で示せば次のようになるかと思います。

たとえば、はじめに「A」という事柄に関心をもちそれについて考えていくと、そこに何か疑問が出てきます。やがてそれが自分で調べたり、先生や誰かに聴いたりして解決し、「A2」という段階に進みます。それは〈学びの高まり〉と呼ぶことができるでしょう。その場合、いままで関係がないと思われていた「B」や「C」という事柄にも、実は関係しているということに気づくことがあります。これは〈学びの広がり〉ということになります。さらに、「A2」から再び疑問が生じて、それを解決していこうとしていきます。こうした高まりがどこまでも続いていく行為が「学びつづける」ということになります。こうした〈学びの高まり〉と〈学びの広がり〉が同時に、出発点〈原点〉であった「A」それ自体についての認識も深まりをみせていくことになります。これを〈学びの深まり〉と呼んでおきたいと思います。

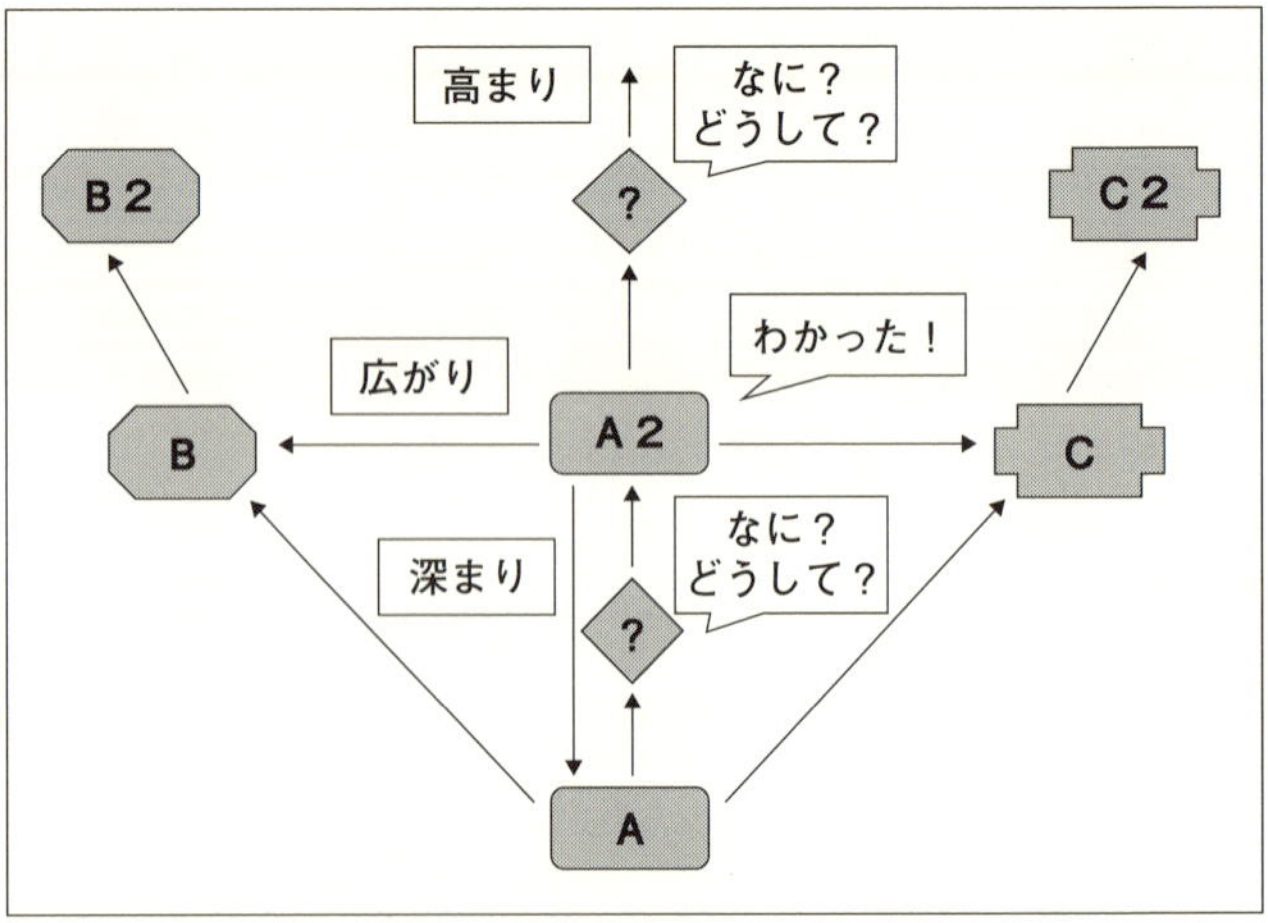

「学び」の高まり・広がり・深まり

このように学ぶという行為は、〈高まり〉と〈広がり〉と〈深まり〉とをもってどこまでも進んでいくプロセスとしてとらえることができるわけです。そうした学びの働きを、私たち人間だれもが潜在的に備えているという認識が教育上重要であると考えます。

(3)「学び」と文化

以上学びの意味と特徴について説明しました。人間にとって、たとえば「よい生き方」「よい人間」「よい教育」とは何かなど、生涯にわたって問いつづけていくわけです。そして、そのめざす目的はどこまでもオープンであるはずです。一般に「生涯学習」と呼ばれることの基本はここにあるといえるでしょう。

しかし、どこまでも学びが無限に多様なものとはいえ、現実には、ある範囲で社会的・歴史的にこれまで人間が創造し承認してきた、いわゆる「文化」と呼ばれるものを手がかりとしていかなければなりません。

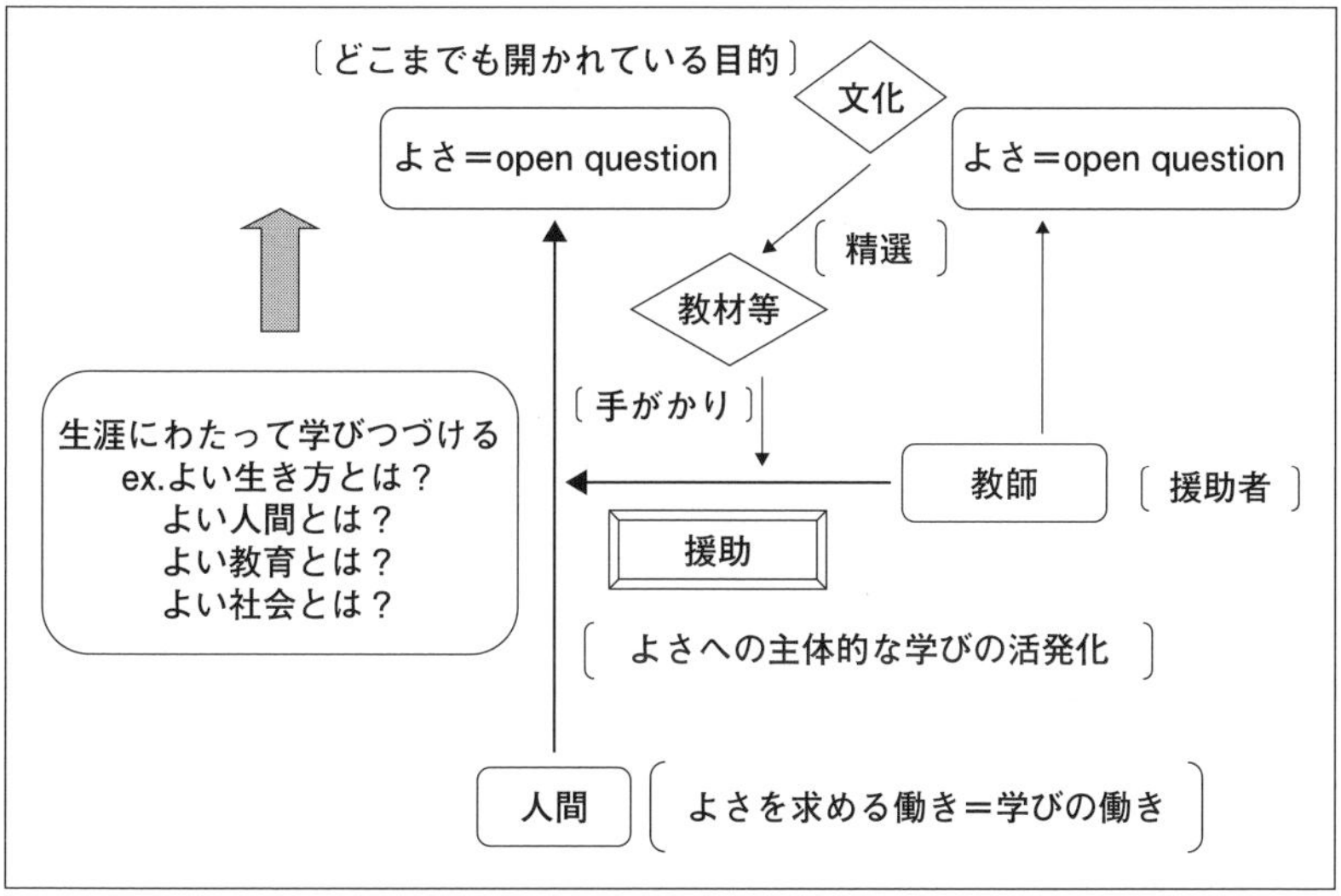

手がかりとしての「文化」と学びの発展

そうした文化を精選して、学校という場で教材として子どもたちに提示されるわけです。その文化は、おもに生活習慣・行動様式に関する道徳文化、論理の働く領域に関する学問や心情の働く領域に関する芸術、その他政治、経済、宗教など多岐にわたります。このような文化の諸領域に与えられた名称が「価値」であり、私たち人間は、それらの価値を一つの目的としてさらなる創造を目指すのであり、各領域において何が「よい」かをどこまでも探求していくという意味で「よさ」は人間の追求していく総称であり常に「open question」といえます。学習者も教師も、究極的にはこの「open question」としての「よさ」を共に考え問いつづけていくのです。

以上のような、人間と文化との関わりを踏まえながら、人間は文化としての知識を手がかりとしながら学びつづけているのです。

3　「援助する」ということ

(1)　「援助」の意味

次に、「援助」について考えてみましょう。「援助」という言葉は、①力を貸す、②救うを意味する「援」と、①力を添える、②励まし成し遂げさせる、③増進させる（活発化させる）を意味する「助」から成り立っています。[16] したがって、これらの意味を教育の関心から総合的に考えれば、「援助」とは、学ぶ人間に対して力をかし（添え）、励ましながら、本人の生得的な力を増進させる（活発化させる）ことと便宜上解釈することができます。

なお、最近頻繁に用いられる「支援」という言葉も、この「援助」と類似した言葉ですが、ここであえて「支援」という言葉を用いない理由は、「支」には、①わける、②ささえ保つ、③のせる、④はかる、というように、「助」に比較して積極的に働きかける要素が少なく、他方「助」という語にはそうした意味が含まれていると考えられるからです。[17]いいかえれば、「援助」という言葉は、ややもすると一見何もしないといったいわゆる「見守る」とか「自由放任」のようにとらえられ、消極的な印象をもたれがちですが、実は「援助する」ということは、むしろ積極的な働きかけの工夫を意味する言葉であるといわなければなりません。

なお、歴史上、人間の内的な働きを認め、その視点から教育という営みを考えていこうとする人々の多くは、とくに「助」という言葉を好んで使用していることがわかります。次はその一例です。

①「学は我が身を修むるのみならず、仁愛の心を本とし、人を助けすくふことを専らつとめ行ふべし。」（貝原益軒『大和俗訓』[18]）

②「人の知徳は教育に由て大に発達すといへども、唯其発達を助るのみにして」（福沢諭吉「文明教育論」[19]）

③「教育者の施す教育は児童の内部よりの発育を助けるに過ぎない。」（沢柳政太郎『初等教育の改造』[20]）

④「教育の目的は子どもの自立を助けることである。」（灰谷健次郎『優しさとしての教育』より）[21]（以上傍点引用者）

このように、「援助」という概念を、学ぶ人間に対して力を貸し（添え）、その人間を励ましながら、生得的な力を増進させること、と意味づけた場合、教育上次の三点にまとめることができます。
第一は、「援助」とは、何よりもまず基本的に学ぶ人間を主体として考えるという点です。つまり、「力を貸す」にしろ「励ます」にしろ、主体はあくまで学ぶ本人であるということです。第二は、働きかける側は、学ぶ主体が生来備えている内的な働きを認めるということです。そして第三は、どう援助するかという点にかかわることですが、あくまでそれは、学びの働きを「増進させる」あるいは「活発化させる」ことにあると考えることです。これら三点は、私たちが教育という仕事に携わる上でもっとも心がけておかなければならないことであると私は考えます。

(2)「学び」を「援助する」ということ

以上、「学び」と「援助」についての基本的な意味について考えてきました。ではさらに、「学び」を「援助する」ということはどのようなことかについて考えてみましょう。

教育現場では、子どもたちの学びを援助する場面は、数限りなくあります。学びの場があり、そこに学び手と援助しようとする教師が存在すれば、そこには具体的な学びの援助活動が展開されることになります。

そうした中で、ここではとくに、学校における具体的な授業の場面で「学びを援助する」とはどういうことかについて考えてみたいと思います。

問題

右の図のような三角形ABCの面積を求めましょう。

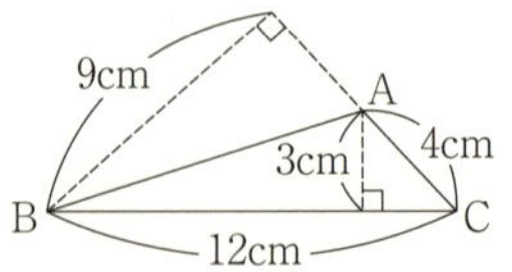

①「わからない」ということへの着眼

これは、小学五年生の算数の三角形の面積を求める問題です。仮に、ある児童がこの問題を解く場合を考えてみましょう。

まずその児童は、与えられた状況を認識しようとして、底辺と高さがどれかを確認するにちがいありません。さらに状況を確認した後、「底辺×高さ÷２」という三角形の面積の公式を引き出して、それに当てはめ、①12×３÷２　②４×９÷２という式をつくるでしょう。そして、最終的に18 cm^2という答えを出すはずです。これは、すべて順調に進んだケースです。

しかし、常に子どもたちがこのように順調に進むとは限りません。つまり、彼らの中で「迷う」とか「わからない」ということがしばしば起こるということであります。ここで私たちが注意しなければならないことは、子どもたちの「わからない」という状態は、必ずしも一様ではなくレベルが異なるという点です。

たとえば、右頁の三角形の面積を求める問題の場合を考えてみましょう。第一は、三角形の面積を求める公式それ自体が、そもそも「わからない」というレベルがあるはずです。その児童にとっては、当然この問題はまったく手も足も出ないことになります。第二は、公式は知っているけれども、状況が「わからない」というレベルがあります。三角形の図でいえば、どれが底辺でどれが高さにあたるのかがわからないというような場合です。第三は、この問題の解決の仕方には二通りありますが、最終的にどちらがより「よい」のか、あるいはどちらも「よい」のかなど、最終的な決定で「わからない」「迷う」というレベルもあるかもしれません。これは単純な例ですので、一般には問題なく進む場合が多いと思われます。しかし、状況が複雑になればなるほど、こうした「わからない」というレベルが鮮明に表れてくると考えられます。

したがって、子どもの主体的な「学び」を「援助する」というとき、まず私たちはこうした「わからない」というレベルが決して一様ではないということを十分認識しておく必要があります。ややもすると、この自明ともいうべきことを、教える立場の人間が忘れてしまう場合があります。ある意味でこれは、私たちが「学び」を「援助する」という場合の重要な第一歩だともいえるかもしれません。

ところで、こうした「わからない」といった状態が子どもたちの中でつづき、それに対して何らかの適切な援助がなされないとき、その子どもはどうなるでしょうか。当然、学びの働きの機能は弱まり、ひいては働かなくなり、やがて考えることそれ自体を放棄することになることが予想されます。したがって、教師がとくに留意すべき点は、わからないで困っている状態にいる子どもを敏感にとらえ、それがどのようなレベルで「わからない」のかを誠実に把握し、それに対して具体的に適切な働きかけ（援助）をするということです。もちろん、こうした行為が教師にとって容易なことではないことはいうまでもありません。しかし、ここで私が主張したい点は、こうした姿勢で教師が子どもたちと取り組もうとする真摯な姿勢と具体的な働きかけの工夫が重要であるということです。

これに関連して、次に紹介する東井義雄（一九一二〜九一）の詩「どの子も子どもは星」は、私たちに一つの示唆を与えてくれます。

どの子も　子どもは星
みんなそれぞれが　それぞれの光をもってまたたいている
光をみてくださいと
パチパチ目ぱちしながらまたたいている
光をみてやろう　目ぱちにこたえてやろう
見てもらえないと　子どもの星は光を消す
目ぱちをやめる
光を消しそうにしている星はいないか
目ぱちをやめかけている星はいないか
光を見てやろう　目ぱちにこたえてやろう
そして　天いっぱいに子どもの星を輝かせよう[22]　（傍点引用者）

東井は、子どもはみんな目をパチパチさせながら本来輝いているといいます。また「光を消しそうにしている星はいないか」、「目ぱちをやめかけている星はいないか」ともいいます。このところにこそ、教師が子どもたちの学びを援助するための最も重要な教育的配慮があるといえるでしょう。すなわちそれは、わからなくて困っており、時として考えることさえやめ、自ら放棄しようとしている子どもたちへの温かなまなざしです。一般に、学びが活発に働いている子ども、すなわち「なぜ？」「何？」と問いながら主体的に考えているような子どもは教師にとってよく見える対象かもしれません。しかし重要なことは、東井のいう「目ぱちをやめかけている」ような子どもたちへの繊細で温かなまなざしがあるかどうかということです。それは、ある意味感性の問題といえるかもしれません。

②「援助」の種類と工夫

はじめに、子どもたちの「わからない」レベルを把握することが、「学び」を援助することの第一歩であることを確認しました。当然次にそのレベルに合わせた援助の工夫を考えていかなければなりませんが、ここでは、特に教師が基本的に心がけておくべき点をいくつか紹介してみたいと思います。

「興味・関心」を開くための援助の工夫

まず、教師が教えようとする内容を、どのように子どもたちに興味を持ってもらうか、そのための工夫です。子どもたちが初めて学ぶ内容や印象は、ある意味、その後学習者がそれに興味・関心をもちつづけるかどうかといった点で大きな意味を持つといってもよいでしょう。たとえば、宮沢賢治が小学四年生のとき、当時若干十九歳だった担任の八木英三先生が童話を授業中に読んでくれたことが、後に彼が童話に興味をもち、やがて多くの作品を書くきっかけとなったのもその一つです。

ところで、興味や関心をもたせるということは、いかにその内容が楽しいものであるかを知らせることでもあります。どちらかといえば、教師は、ある一定の内容を一定の時間内に伝えて教えるということに重点を置き、ややもすると子どもたちを〝楽しませる〟という意識を、どこかに置き忘れてしまいがちです。もちろんしっかりとその内容を伝えて理解させることが大切であることはいうまでもありません。

これに関して、数学者の秋山仁（東京理科大学教授）は、体感覚で理解する「楽しい数学」を強調し次のように指摘しています。

「本当に必要なことを頭の髄から納得させ、発想がわき出す泉を子どもたちの中につくることが大切。自転車の車輪を自分で測って円周率を見つけたり、街に出て赤信号の間隔と渋滞の関係を調べるような体験的な授業を通じ算数的、数学的に考えることの楽しさを教えてほしい。」[23]

この中で、秋山は、一つの重要な示唆を私たちに与えています。それは、子どもたちの興味・関心を開くためには、彼らの身近な生活から題材を見つけ、しかもそれが楽しめるものを探し求めることの大切さです。

私たちは、子どもたちに興味や関心を開くための〝楽しませる〟という意識をもって援助の工夫を行っていくことが大切であると考えます。

「基礎・基本」を理解させるための援助の工夫

次に、公式などの基礎・基本を理解させるための援助の工夫について考えてみましょう。

私たちが何かを判断する場合、もととなるある基本的な考え方やきまりを知識として習得しておく必要があります。先に紹介した三角形の面積の場合でも、それを求める公式を知っていることがまず前提であるし、行動する場合でもある一定のルールや規則を知識として習得しておかなければよい行動はとれないはずです。

教育において、どの教師も子どもたちに何かを理解させようとするとき、まず基礎・基本的な知識を、どのように理解させるかという問題に直面するはずです。では、その場合、どのような援助の工夫が必要でしょうか。

もちろん、たとえばかけ算の九九や国語の五十音などのように、それ自体機械的に覚えるべき要素の強い内容のものもあるでしょう。しかし、大部分の原理・原則・公理などは一般にその本質が理解されてはじめてさまざまな状況に対応・応用できるものと考えられます。たとえば、先の三角形の面積の場合でも、三角形の一つの辺を「底辺」といい、それに向かいあった頂点から底辺に垂直な直線を引いたときの直線の長さを「高さ」ということを、単に文字の上で機械的に暗記したとしても、さまざまな状況に対応できるとは限らないわけです。そのために、教師は、実際に図式化などを行ない、子どもたちが理解しやすいような工夫をするのです。

中学生の英語の場合でも考えてみましょう。たとえば、三人称単数形の場合は、be動詞の現在形は「is」を用いるということを理解させるときを考えてみましょう。一般的に私たちは、三人称単数形を教えるために、あわせて一人称、二人称の単数形についても同時に説明し、一人称（I）では「am」、二人称（you）では「are」を、そしてそれら以外の三人称単数形では「is」を使うというように説明するはずです。しかし、ここで教師が留意すべき点は、一人称、二人称、三人称といった抽象的な言葉を子どもたちに理解しやすいようにイメージ化させるための工夫の必要性であるということです。なぜなら、子どもたちの中には、こうした抽象的な言葉では依然として理解できない場合があるからです。そうした子どもたちのためには、抽象的な言葉を用いる以前に、たとえば先にも述べましたように図式化したり、身近なものなどによる比喩を用いながら理解させるといったような学びの援助の工夫が必要になるわけです。もちろん抽象的なレベルでも理解できる児童生徒の場合はかえって煩わしいということもあるかもしれません。しかし、理解力に差があることを考えれば、できるだけ構造化や図式化、あるいは比喩などによって子どもたちが十分イメージでき、理解できる援助の工夫が必要であると考えます。

私たちは、つい原理・原則・公式などを、一律に抽象的な内容のまま子どもたちに教えようとしてしまう場合があります。大学教員である私の場合も、この点反省すべきことが多々あります。

先にも述べたように、子どもたちはだれでも学びの働きを備えているわけですが、それらの働かせ方はそれぞれ一様ではないわけです。もちろん十人いれば十通りの工夫をすることは理想ですが、現実にはそれは難しいことです。まして、一クラス二十～四十人くらいで授業をする場合はなおさら困難です。大切なことは、教師が、子どもたちの主体的な「学び」を援助しようとする視点に立ち、彼ら（彼女ら）が一人でも多く基礎・基本的な内容を理解できるために、頭の中でイメージがしやすいようなさまざまな手立てを考えていこうとする真摯な〝姿勢〟をもちつづけることです。

③「状況」を理解させるための援助の工夫

私たちは、子どもたちが原理や原則などを一応理解したと判断した後、一般にどの教科でも具体的な問題状況を彼らに提示して、実際に行なわせ、果たして理解しているかどうかなどを確認しようとするでしょう。

その場合、私たちが留意すべきこととして大きく二つの点があります。一つは豊富な問題状況の設定の工夫であり、もう一つは子どもたちが状況理解に困難をきたすとき、どのように「適切なヒント」を与えてあげるかといった工夫です。

まず、豊富な問題状況の設定の工夫についてですが、当然基本的な問題状況から応用的な問題状況へといったプロセスの工夫が必要であると考えられます。一般にどの教科でも、実際には基本問題から応用問題といったように、問題状況の設定の工夫がなされているはずです。ただしその場合、すべての子どもが、一律に複雑な問題状況まですすめるということにはならないということを、教師は十分認識しておく必要があるでしょう。しばしば、基本的な問題をやらせてみたとき、あらためて原則的な内容を理解していない子が出てくることがあります。そのとき、どのように原理・原則を再度理解させるために援助するかということが生じてくるはずです。また逆もあるはずです。理解力のある児童生徒の場合は、基本問題ばかりで先に進めなければ退屈してしまいます。これは、学級という一つの集団の中で授業を行なう場合、現実に多くある問題です。教師は、可能な限り様々な理解力の子どもたちの存在を予想して、豊富な問題を準備しておくことなども必要でしょう。それ以上に大切なことは、先の理解力の弱い子どもへの教育的配慮です。その場合、前に紹介しました東井義雄のいう「目ぱちをやめかけている子はいないか」という〝教師の目〟が必要なのです。教師として、十分に理解させることはできない、理解させたと思っても、また問題をやらせてみると理解していない、ということがよくあるでしょう。そうしたとき、もっとも大切なことは、できるかできないか以上に、その子も「わかろう」としているということをどこまでも信じてあげ、寄り添い、向き合ってあげることです。

一方「適切なヒント」についてですが、その子どもが、ある問題状況で「わからない」という状態に陥っているときの工夫です。このとき重要な点として二つの点が考えられます。第一は、できるだけ本人に考える時間を与えてあげ「待つ」という姿勢です。結論を急いだり、すぐにヒントを与えることはよくありません。なぜなら、「わからない」「迷う」という状態は、ある意味で子どもたちの中で学びの働きが活発に働いているという証拠だからです。したがって、少し状況を見守ってあげることが大切です。往々にして、教師は先に進むことを考え、答えもすぐ与えようとしてしまいます。そうしたとき、子どもたちから、「先生、もう少し考えさせて。まだ答えをいわないで」といった言葉を聞くことがあります。このとき、私たちは、「待つ」ことの大切さを、逆に子どもたちから再認識させられます。第二は、ある程度待ち、その上で何らかの適切なヒントを与えることです。当然この場合、「ある程度」とはどの程度なのかとか、「適切なヒント」とはどのようなことかという問題が出てくるでしょう。しかしそれは、その学習者の置かれた個別的状況との関係や性格（外向的か内向的かなど）によって異なってくるものであり、その意味で多様です。つまり、一般的なレベルで答えられるものではないということです。ただ、あえて一ついえることは、あくまで学習者の置かれている問題状況を、教師ができる限り誠実に把握しようとすることに、適切なヒントを与えるための第一歩があるということです。

結局、教師はその子どもが置かれた「わからない」レベルをできるかぎり把握し、援助の工夫を図る必要があります。それはまた、さまざまな工夫や配慮によって、積極的に行なわれるべきものであるということを忘れてはならないと考えます。

【注】

1　灰谷健次郎・林竹二『教えることと学ぶこと』小学館、一九八六年、十頁。
2　灰谷健次郎『優しい時間』読売新聞社、一九九六年、五五頁。
3　前掲『優しさとしての教育』、二七頁。
4　同前書、七七頁。
5　同前書、一五八頁。
6　灰谷健次郎『灰谷健次郎の保育園日記』新潮社、一九九〇年、一八八頁。
7　同前書、一六二頁。
8　前掲『教えることと学ぶこと』、三五頁。
9　前掲『兎の眼』、十八頁。
10　前掲『わたしの出会った子どもたち』、九八頁。
11　灰谷健次郎『天の瞳（幼年編）』新潮社、一九九六年、二七頁。
12　同前書、九二頁。
13　同前書、九二頁。

14 佐伯胖『「学び」の構造』東洋館出版社、一九七五年、二十頁。
15 中村桂子『科学技術時代の子どもたち』岩波書店、一九九七年、二十頁。
16 諸橋徹次他編『廣漢和辞典』（中巻）大修館書店、二五〇～二五一頁参照。
『廣漢和辞典』（下巻）、三九七頁参照。
17 同前『廣漢和辞典』（中巻）、二九二～二九三頁参照。
18 前掲『益軒全集』（巻之三）、七二頁参照。
19 慶應義塾編『福沢諭吉全集』（第五巻）岩波書店、一九五八年、三五四～三五七頁。
20 「初等教育の改造」（『沢柳政太郎全集（四）』国土社、一九七九年所収）、二〇二頁。
21 灰谷健次郎『優しさとしての教育』新潮社、一九九一年、六四頁。
22 東井義雄『子どもの何を知っているか』明治図書、一九七九年、九頁。
23 下野新聞、一九九八年六月二三日参照。

調べてみよう

◇
① 「学ぶ」と「覚える」の違いについて調べてみよう。
② 灰谷健次郎の作品を読んで彼の教育観や教師観も調べてみよう。
③ 「援助」と「指導」の違いについて調べてみよう。

第四章　教師について

教育（子どもをよくしようとすること）を考える場合、教師への関心は重要な関心の一つであることはいうまでもありません。「教師」の辞書的な一般的定義としては、①学業を教える人。学術、技芸などを享受する人。教員。先生②宗教上の教化を形成する者。宗教上の指導者。宣教師。布教師などがあります。[1] ここで対象としている教師はもちろん①ですが、「教員」という名称はむしろ法的身分としての学校教師をあらわします。これは、いわば狭い意味での教師と呼ぶことができます。なぜなら、一般に教師と呼ばれる人間は、こうした学校教師だけではないわけであり、子ども（あるいは学習者全体）をよくしようとする人間（たとえば親・塾の先生・習い事の師匠など）はすべて教師と呼ぶことができるからです。これを、ここでは広い意味での教師と呼んでおきたいと思います。

この章では、とくに狭い意味での教師、すなわち「教員（学校教師）」を中心に、まずこれまでの教師観を確認し、その上で広い意味での教師も含めて、これからの教師観を、「援助」という視点から捉えなおし、さらに教師としての資質と役割について考えていきます。

1　これまでの教師観～類型～

これまでの教育の歴史上、学校教師の一般的な観方として、①聖職的教師観、②労働者的教師観、③専門職的教師観の三つの類型があげられます。では、それぞれの特徴を、とくに日本の教育の歴史と関連づけながら考えてみたいと思います。

(1)　聖職的教師観

まず「聖職」という言葉ですが、この一般的な意味は神聖な職務ということです。学校教師が神聖な職務ということは、どういうことなのでしょうか。たとえば、文学者新田次郎の代表的な作品に『聖職の碑《いしぶみ》』というものがあります。これは、大正二年の夏に修学旅行で伊那駒ヶ岳に登山した中箕輪《みのわ》高等小学校の生徒たちと赤羽長重校長を含む教員が台風に遭遇し、校長自ら命をなげうって子どもたちを救おうとしたが、自身も子ども数名も亡くなった実話にもとづく作品です。また、第二次世界大戦中にナチスドイツによるポーランド占領下において、ユダヤ人孤児のための孤児院の子どもたちとともにホロコーストの犠牲となったヤヌシュ・コルチャック（一八七二～一九四二）院長の話も同様です。つまり、基本的に聖職としての教師とは、これらの話からもわかるように教育を天職と考え、児童生徒のためならば利害を超え、時には命までなげうって奉職する教師というイメージであるといえます。

しかし、「聖職」には別の観方もあります。たとえば、日本の明治以後の長い教育史の中で、必ずしもその神聖さが子どもの方を向いた「聖職」ということではなく、国家（政府）の方を向いた聖職であったということです。具体的には、戦前国家に従属させ、国家が要求する理想像（忠良なる臣民）を養成（あるいは錬成）することを務めとする意味での聖職的教師像を確固として形成したのは、初代文部大臣森有礼でした。森は、師範学校令や各師範学校での演説で、教師としての資質について、とくに次の三つの点を要求しました。第一は順良（従順）であり、第二は信愛（友情）であり、そして第三は威重（威儀）です。これら「三気質ヲ具備セシムル」教師を兵式体操などによる徹底した軍隊式教育によって養成していったのです。また、「三気質」は長く師範学校での生活における基本的心得とされました。[2] 森は、こうした気質を備えた教師には、収入や労働条件などの個人的利害には関心を示さず、あくまで自己を犠牲にして国家が要求する天皇に忠誠を尽くす人間を作り上げる（生産する）ために教育に邁進する教師という考え方があったのです。今日でも、こうした両方の聖職的教師観は存在しているといわなければなりません。

(2) 労働者的教師観

第二の教師観は、労働者的教師観です。この教師観は、とくに日本の場合、一九五二（昭和二七）年に日本教職員組合（日教組）によって明確に打ち出されました。この年、日教組は第九回定期大会で十のテーゼからなる「教師の倫理綱領」を採択しました。その第八項に次のように記されています。

「教師はいうまでもなく労働者である。日本の教師は労働者階級とともに事態が困難を加えれば加えるほど、ますます其の団結を固めて、青少年をまもり、勇気と知性をもってこの歴史的課題の前に立たねばならぬ。[3]」

こうした教師観は、日本の場合、当然先の戦前の聖職的教師観を批判して登場してきたものといってよいでしょう。教師の労働者的側面を明らかにした点では意義深いものであるといえますが、この教師観においても政治的要素を多分に含んでいるといわざるを得ません。それは、戦後、とりわけ一九五五（昭和三十）年前後の教育政策をめぐるさまざまな論争を見ても明らかです。

(3) 専門職的教師観

第三の教師観は、専門職的教師観です。一九六六（昭和四十一）年にＩＬＯ・ユネスコの「教員の地位に関する勧告」が出され、教師の労働者としての諸権利を前提とした専門職的教師観が打ち出されました。その中で、教師の専門職とはどのようなものかについて、次のように説明しています。

「教職は、専門職と認められるものとする。教職は、きびしい普段の研究により得られ、かつ、維持される専門的な知識及び技能を教員に要求する公共の役務の一形態であり、また、教員が受け持つ生徒の教育及び福祉について各個人の及び共同の責任感を要求するものである。[4]」

この内容から、教師の専門職の要素を整理すると次のような点になります。

①きびしい不断の研究を必要とする。
②専門的知識と特別な技術を必要とする。
③公共の役務の一形態である。
④生徒の教育及び福祉について個人的及び協同的責任感が要求される。

従来、教職の専門職性について、主に①、②、③が中心として論じられることが多く、ややもすると④の責任感について注目されない場合があります。この点に関して、村井実（慶應義塾大学名誉教授）は、「教育」のパラドックス的性格という視点から、次のような興味深い指摘を行なっています。

「教師は専門職だといわれる。だが、それは何を意味するのだろうか。専門職という言葉の意味自体が必ずしもはっきりしないが、かりにそれを、人々の特殊な要求に答える特殊な知識と技術の所有者、と解する場合には、教師を専門職とすることの根拠はきわめて薄弱である。法律家や医者は、人々の特殊な要求に答える特殊な知識と技術の持ち主であり、その意味では、上記の専門職の定義にあてはまるか

> もしれない。しかし教師の場合には、そうした特殊の技術や知識と呼ぶべきものが、事実としてあるのかどうか、また、はたして必要なのかどうかさえ、たぶんに疑われるのである。小・中学生に教える教科書の知識などは、別に専門的知識ではない。生徒を評価したり、指導したりする知識や技術も、別に専門的ということはできまい。（中略）教師の専門性というのは、それをあえて私たちが望むとすれば、実は、もっぱら教師の「教育」的性格に求める以外にはない。教育的性格というのは、教育の本来的なパラドックス的性格を知り、しかも進んでそのパラドックスを生き抜くことを引き受けているということである。社会の教師以外の人々も、すべて教育に関心をもっており、しかも知識においても技術においても、必ずしも教師に劣っているわけではない人々ですら決して少なくないであろう。しかし、その人々に共通していえることは、彼らはそれぞれに技術者であり、学者であり、政治家であり、たとい親としてあるいは社会人として教育に深い関心をいだいていたとしても、けっして教育のパラドックスを自分で生き抜く覚悟はしていない、ということである。」[5]（傍点引用者）

このように村井は、教師という仕事が、個人的及び集団的に責任を負って行なわれているという点において、きわめて重要な公共的意義を有しているのであり、しかも「教育のパラドックス」を生き抜くことをあえて引き受けているというところにもっとも専門的特徴があると述べています。

では、「教育のパラドックス（paradox, 逆説）」とはどのようなことでしょうか。「パラドックス」とは、たとえば「急がば回れ」や「負けるが勝ち」のように一見矛盾しているように見えるが実は矛盾していないことを意味しています。別なたとえで言えば、並列して走っている車は両方とも走っているわけですが、その両方の車はその瞬間瞬間をみれば止まっているということになります。つまり、「走っている車は止まっている」ということです。一見矛盾しているように考えられますが、実は矛盾していないのです。

同様のことが「教育のパラドックス」についても言えます。人間は自分自身が「よく」あることを求めるばかりでなく、他人、とくに若い世代についても、彼らが「よく」あることを求めて働きかけます。この働きかけ、すなわち「子どもをよくしようとすること」が「教育」であることは、はじめに述べたとおりです。しかし、人は「よく」あることが何であるかわからないまま「よく」あることを求め、しかも他人を「よく」させようとして働きかけないわけにはいかないのです。そこには一つのパラドックスが存在し、また不完全たる人間の自覚があります。教育には、本来このようなパラドックス的性格があるのです。教師は教育という仕事をするというのであるから、この教育本来のパラドックス的性格を認識し、それを覚悟して、貫くことが要求されます。この教育のパラドックスを貫くということこそが教育という仕事の根幹にあるものなのです。

教師の専門職性といえば、どちらかというと技術的関心や教員免許への関心が強いですが、こうした「教育のパラドックス」への関心から教師の専門職性を考えることは、「援助」という視点からもきわめて重要です。

2　教師観の転換～「援助者」としての教師～

以上、これまでの代表的な教師観の特徴を紹介してきました。しかし、こうした従来の教師観の類型が、今後教師を考えていく場合、果たして適当かどうかについて筆者は疑問を持ちます。その第一の理由は、こうした教師観はあくまで教える側（働きかける側）からの視点であり、必ずしも子どもの視点に立った教育的議論ではなかったということです。とくに、聖職的教師観と労働者的教師観の対立は、歴史的に見たとき、文部省対日教組という政治的イデオロギーの対立を直接反映したものであったといえます。第二は、学校における教師という存在は、本来「聖職」的、「労働者」的、「専門職」的の各要素を含んでいると考えられ、その意味でそのどれが真の教師かを論じることはあまり意味をなさないといえるからです。筆者は、先に紹介した「教育のパラドックス」の自覚を中心とした、いわば理念的類型の重要性およびそれにもとづく発想の転換をここでは提案したいと考えています。

その類型とは、子どもの学びの働きを無視あるいは軽視して、ある一定の理想型に当てはめて「作る」という発想の教師と、あくまで子どもの学びの働きを認めて「援助する」という発想の教師という二種類の教師観にもとづく類型化です。子どもをよくしようとすることでは同じでありながら、その場合の子ども観と形成観において決定的な思想的違いがあるということです。

では、両者の思想的違いとはどのような点にあるのか、次に詳しく見ていくことにしましょう。

(1)「作る」という発想の教師

まず、「作る」という発想の教師とはどんな教師でしょうか。その主な特徴を次にあげてみましょう。

①まず子どもを「よく」しようとする場合に、よい人間像（結果像）という出来上がりのイメージが「実在する」と考える。

②働きかける対象としての子どもとは、その理想像に向かって作り上げられるべき存在であり、彼らの内部の働きなどへの認識はない、あるいは希薄である。

③教えるべき内容（教材）は、絶対的なものであり、子どもたちに「身につけさせる」べきものと考える。

④したがって、方法的にはよい人間像に向かってそれらの内容を効率よく訓練的に行なうものと考える。

⑤結局教師とは、子どもたちが学ぶべき知識・技術・価値などのいわば絶対的所有者であると考える。

この五つの点の中で、とくに問題であると思われることは、よい人間像が実在するという実在主義的な考え方に立っていることと、子どものよさを求める学びの働きを認めないという点です。

この二つの問題は、先に紹介した「聖職」としての教師であれ、「労働者」としての教師であれ、さらには「専門職」としての教師であれ、教育思想上陥る可能性があるものと考えられます。このことは、先に紹介した「教育のパラドックス的性格」と関連して極めて重要な問題であるといわなければなりません。

では、それに対して「援助する」という発想の教師とはどのような教師なのか、その特徴を「作る」という発想と比較させながら見てみましょう。

(2)「援助する」という発想の教師

次に、先の「作る」という発想の教師の特徴と比較しながら「援助する」という発想の教師の特徴を挙げてみましょう。

①子どもをよくしようとする場合に、出来上がりのイメージとしてのよい人間像はあえて掲げず、それは究極的にはわからないものであり、人間が各自どこまでも求めていく開かれた目的であると考える。

②子どもは、生来よさを求める働きを潜在的に内部に備えていると考える。

③教えるべき内容（教材）は、あくまで手がかりであると考え、身につけさせるべき絶対的なものとは考えない。

④したがって、教育の方法も、その手がかりとしての教材を通して、子どもたちの内部のよさを求める働きを活発化するための積極的な働きかけの工夫と考える。

⑤結局教師とは、子どもたちが学ぶべき知識・技術・価値などの全体的な所有者ではないということを自身で自覚しており、さらに自身もよさを求めている一存在と考えている。

これらの特徴からも明らかなように、「作る」という発想の教師とは対照的であることがわかるでしょう。もちろん、この場合も「聖職」「労働者」「専門職」いずれの教師観に立っても援助するという発想の教師となることは可能です。すなわち、教師本人が「聖職」と考えようが、「労働者」と考えようが、あるいは「専門職」と考えようが、それはあくまで教師の立場から見た職業上の問題であり、むしろ学び手の側からすれば、自分たちの学びの働きを認めてくれ、それをいかに活発に働くように援助してくれるかということの方がむしろ問題であり重要なのです。したがって、学習者主体の教育を今後考えていく場合、前者のような教える側からの「〜職」といった職業的な分類から、学び手の立場にたった理念的・思想的な分類による教師観の転換が今後必要ではないかと筆者は考えています。

以上、「作る」という発想の教師との違いを中心に「援助する」という発想の教師の特徴を見てきました。ではさらに、教師としてとくに重要な資質あるいは姿勢について考えてみましょう。

3　教師の資質と姿勢

(1) 教えることを通して自分も学ぶという姿勢

『夜と霧』の著者として有名なオーストリアの精神科医フランクル（Victor Emil Frankl　一九〇五〜九七）は、『〈生きる意味〉を求めて』という著書の中で、「他人が人生の意味を考える手伝いをする。（中略）その人が運命を知ったうえでとる態度によって、周囲の他人が力づけられる。[6]」と述べています。すなわち、病気の人たちが、懸命に生きる姿で支えている側の人間が勇気づけられることをあらわしたものです。教育においても、教師は子どもたちからいろいろな場面でさまざまな貴重なことを学び、それが自身のその後の実践の糧となることがあります。師弟同行という言葉がありますが、共に学びつづける存在であるわけであり、また共によく生きようとする存在でもあるわけです。要するに、それは不完全さを自覚した教師のいわば謙虚さであり、おそれと慎みの認識であるといえます。

(2) 柔軟な思考力・共感力

相田みつをの作品に、次のような「柔軟心」という詩と文章があります。

やわらかなあたま　やわらかいこころ　わか竹のような
そのむかし　道元禅師という方が宋の国に渡り修行をされて得てきたものは　ただひとつ　柔軟心で
あったといいます
柔軟心とはやわらかいこころのことです　何者にも引っかからない　素直な心のことです
きれいな花を見たらきれいだなあと　素直に感ずる心のことです
きゅうりにはきゅうりの良さを認め、なすにはなすの良さを認める心です
たとえけんかをした相手のことでも　良いところを良いと認める大らかな心です
そして　おかしい時には　腹の底から笑い　泣きたい時には全身で泣く
それが柔軟心です
心がやわらかいから　素直に笑えるのです　心がやわらかいから素直に泣けるのです
心がやわらかいのは　心が若いことです
柔軟心をもちましょう　いつまでも心の若さを保つために[7]

この詩の中で相田は、心がやわらかいことは心が若いと書いています。これは、教師という仕事にとっ

てとりわけ重要なことではないかと思います。つまり、教師は、さまざまな人間としての子どもたちと接するわけです。一般に「子どもの身になって考える」などともいわれます。それは教師自身の心の柔軟さに関係しています。完全に相手の気持ちがわかるなどということはありえないことですが、できるだけ子どもの立場になって考えられるあるいは感じられるためには、教師側にそうした柔軟な心と共感する力を日頃から意識していなくてはなりません。なお、相田のいう「柔軟心」とは、大人の中の「童心（子ども心）」とも関連しているように思われます。たとえば、サン・テグジュペリ（Saint-Exupéry, 一九〇〇～四四）が『星の王子さま』の中で、「おとなたちはだれも、はじめは子どもだった。しかし、そのことを忘れずにいるおとなはいくらもいない」[8]と書いています。これは、むしろ大人への警告です。教師も一つずつ年齢が増していくわけですが、目の前の子どもたちの年齢は基本的に変わりません。小学校の先生であれば、常に六歳から十二歳の子どもたちを見ているわけですが、自分は一つずつ年を取っていき、ややもするとしだいに考え方やものの観方なども固定化していくおそれがあります。こうした現実をどのように埋めていくかは、教師自身がいかにこの柔軟心を忘却せず、保持しようとする意識があるかどうかにかかっているように思います。

(3)「想像力」と「創造力」

先の柔軟な思考力・共感力と合わせて大切なのが、「想像力」と「創造力」です。学びの援助の工夫のところでも説明しましたように、子どもたちに興味・関心を持ってもらったり、これだけは理解していないと次に進めない内容などを教えたりする場合、どうすればよいのかをまず「想像」し、その上で具体的に授業を「創造」していくことになります。この二つの「そうぞう力」は、どうしても教育に携わる人間にとって欠くことのできない資質といってよいでしょう。では、どのようにその力を養っていけばよいのでしょうか。それには人により異なるかもしれませんが、さまざまな工夫があるかと思います。たとえば、読書などは最も手頃な方法かもしれません。また、日頃から自分の趣味などを活かしながらさまざまな創作活動を行なっていくことも大切でしょう。

(4) 聴き方上手

最後に聴き方上手ということです。ややもすると教師は話すことが主ですから、相手の話を聴くということがおろそかになる傾向があります。しかし、教師が子どもたちと向き合い、寄り添い、そして援助していく場合、まず相手の話をよく聴くということが何よりも大切であると言わなければなりません。もし「あの先生に話しても話を聴いてくれないから行かない」という言葉が子どもたちから出るようなことがあれば、それは教師として信頼されていないということですから大変悲しいことです。一般に聴き方上手な人は、自分の考えを無理に押しつけようとはしませんし、よく聴いていますから質問やアドバイスが上手です。ただし、聴くという行為はそう簡単なことではないことも事実です。ドイツの児童文学作家ミヒャエル・エンデ（Michael Ende, 一九二九～九五）は『モモ』という作品の中で次のように述べています。

「小さなモモにできたこと、それはほかでもありません、あいての話を聞くことでした。なあんだ、そんなこと、とみなさんは言うでしょうね。話を聞くなんて、だれにだってできるじゃないかって。でもそれはまちがいです。ほんとうに聞くことができる人はめったにいないものです。[9]」

私たちは、エンデのいう「ほんとうに聞くことができる人はめったにいない」という言葉を、教師として常に心にとどめておく必要があるかもしれません。

4　山田洋次の教師観

以上、教師観のパラダイム転換として、「援助する」という発想の教師を提案し、さらにそのための役割と資質の主な特徴について説明してきました。これに関連して、映画監督でありますが、以前より教育に強い関心をもっている山田洋次の教師観を紹介してみたいと思います。

(1)　映画監督山田洋次の教育への関心

山田洋次は、一般に「男はつらいよ」シリーズや「幸福の黄色いハンカチ」「たそがれ清兵衛」「母べえ」など、家族愛や夫婦愛を描く映画監督として知られています。しかし、監督は映画「学校」シリーズでもわかるように、教育に対して以前から強い関心をもつだけでなく、そうした作品を通して人間にとって教育とは何かを改めて考えさせてくれる手がかりを与えてくれています。

山田監督は、一九三一（昭和六）年に大阪府豊中市に生まれました。少年時代には中国の奉天（現在の瀋陽）に渡り、一九四七（昭和二二）年に満州から引き上げてきて、その後一九五四（昭和二九）年に東京大学法学部を卒業し、松竹大船撮影所に入社しました。監督は、自身の少年時代を振り返って、そこに寅さんの原風景があることを著書『寅さんの教育論』（一九八二）の中で次のように書いています。

「自分自身の少年時代を振り返ってみると、ぼくは勉強をしていい成績を取りたいと思っているほうの少年だったと思います。だけど、ぼくの印象に残っている友人たちは、つねにクラスのなかで勉強をしない少年たち、あるいはできない少年たち、あるいは不良少年たちだったような気がします。その少年たちに教わったことがとても多いように思えます。（中略）ぼくにとって、寅さんという存在は少年時代に小学校、中学校を通じて必ずクラスに何人かいた勉強の嫌いなやつ、出来の悪いやつ、学校では困りものの、不良少年のトータルなイメージなわけです。[10]」

撮影所に入社した監督は、川島雄三、野村芳太郎、渋谷実といった監督に師事し、当時の松竹ヌーベルバーグ（新しい波）の中、脚本なども手がけられながら大衆路線を進んでいきました。

一九六一（昭和三六）年に「二階の他人」でデビューし、その後日本が高度経済成長を突き進んで行く中、監督は「馬鹿まるだし」（三九年一月）、「いいかんげん馬鹿」（三九年四月）などの、いわゆる馬鹿シリーズや「なつかしい風来坊」（四一年十一月）を製作しました。これについて、監督は先の著書の中で次のように述べています。

「だいたい僕の作品は、いつも社会からはみ出してしまった人間が主人公[11]「バカという言葉は知能指数が低くて、ひとより知能が落ちるということじゃないと思うんです。もっとわかりやすくいうと、ペーパーテストが零点だという意味なので、そんなものは人間の能力のごく一部分の評価しか下せないものなのではないでしょうか。[12]」

こうした言葉の中に、監督が製作する映画に一貫して流れている人間的な温かさが含まれています。その後、よく知られている渥美清主演の大ヒットシリーズ『男はつらいよ』が一九六九（昭和四四）年八月に第一作目が公開されました。このいわゆる寅さんシリーズは、それ以来一九九六（平成八）年まで二七年間にわたり、四八本という驚異的なロングヒットとなりました。山田監督は、寅さん以外にも、たとえば「家族」（一九七〇（昭和四五）年）、「幸福の黄色いハンカチ」（一九七七（昭和五二）年）、「遙かなる山の呼び声」、「キネマの天地」などを次々と製作していきました。そしてその後、『学校』シリーズの製作が始まるわけです。

監督は『「学校」が教えてくれたこと』（二〇〇〇（平成十二）年）という本の中で、「観客も生徒の一員になってしまうような、映画館が教室になってしまうような、そんな映画ができたらどんなに素晴らしいだろうか[13]」と書いています。

夜間中学をテーマとした第一作目は、一九九三（平成五）年に完成し上映されましたが、実はこの『学校』という映画製作の構想は、すでに監督の中で二十年以上前から温められてきたものでした。事実、監督は先の一九八二（昭和五七）年に出版された『寅さんの教育論』の中でも、「ここ数年来、夜間中学を舞台に「学校」という映画をつくるべく準備を進めています。[14]」と書いています。

当時、学校をめぐるさまざまな問題が発生し、ゆとり教育などが提唱されはじめてきた頃ですが、「夜間中学」への関心などは依然として教育界ではなかったのではないかと思います。そうした中で山田監督は、学校制度上明確でなく、行政も黙認状態にあったこうした夜間中学にすでに関心をもったことは大変重要なことです。

さて、映画『学校』シリーズには四つの作品があります。一作目は「夜間中学」、二作目は「高等養護学校」（現在の高等特別支援学校）、三作目は「職業訓練学校」、そして四作目が不登校の中学生が屋久島まで旅をしながらさまざまな人間と出会う物語です。

これら四作品に共通しているのは、教育上一般にあまり注目されない、あるいは関心がもたれない学校であるということです。こうした学校への視点こそ、山田監督の本領ともいえるものではないかと私は考えます。すなわちそれは、一言でいえば、監督の人間への温かいまなざしであり、同時に学校の本質を見据えた鋭い洞察ということです。

監督は、先の『学校が教えてくれたこと』の中で、夜間中学を通して次のように書いています。

「夜間中学の授業を観察しながら、学びたいという生徒がいて、教えようという教師がいればもうそこに学校というものが成り立つのだという当たり前のことが、この国ではすっかり消えてしまったのだということをつくづく考えさせられたものです。学ぶということは喜びであり、教えるということは大きな喜びであったはずではないか。[15]」

このように、監督は学校とは何か、学ぶとは何か、教師にとって何が大切なのかなど、現代の教育における最も本質的な問題にかかわることを、『学校』シリーズの映画を通して、私たちに貴重なメッセージを発信してくれています。

(2) 映画『学校』～「学び」への示唆～

この映画は、一九九三（平成五）年に製作された作品ですが、何らかの事情で義務教育が受けられなかった人たちが通う東京の下町の夜間中学が舞台となっています。そこには、さまざまな生徒たち――たとえば不登校の「江利子」、鑑別所から出て非行に走っていた「みどり」、在日朝鮮人の「オモニ」、日本人と中国人の間に生まれた「チャン」、昼間働いている「和夫」――と、夜間中学に情熱を注ぎ生徒一人一人のために親身になって行動する黒井先生との間に繰り広げられる人間模様が見られます。

中でも、二十歳のとき東京に出て以来、職を転々とし五十歳を過ぎてはじめてメリヤス工場の社員に採用され、やがて字を習いたいという思いから夜間中学の門をたたき入学してきた猪田幸男（イノさん）という一人の生徒を中心にこの映画は展開されます。イノさんは、他の生徒たちとも馴染みながら一所懸命楽しく学ぶのですが、やがて病に冒され入院し、郷里に引き取られて死んでいくことになります。映画の中で、卒業間近になったある日、そのイノさんの死を偲んで、クラス全員で〝幸福〟について考えるシーンがあります。それはとくに、私たちに「学ぶ」とは何かについて示唆しています。

話は、イノさんが幸福だったかどうかから、江利子の「幸福ってどういうことなんだろう」という〝幸福〟そのものへの問題へと発展していきます。人間にとっての幸福とは、錯覚でもお金でもなく、和夫の「ああ生きてえなあとか、生きててよかったなあ」というように、人間にとっての人生の目的であり、生きがいを味わったときであることを私たちに伝えています。そして、〝学ぶ〟ということは、江利子の「それをわかるために勉強するんじゃないの？　それが勉強じゃないの」という言葉で一連の幸福についての議論の解決の道が開けていくのです。それは、学ぶとは幸福が何かをどこまでも探し求めるための活動であることを示唆しています。

また、〝教師〟の姿勢においても、私たちに示唆しているところがあります。とくに、修が「（幸福は）お金です」という答えに対してみんなが笑ったとき、黒井先生がその意見を否定しなかったことです。山田は、これに関して、そのヒントとなった教師について次のように述べています。

「塚原雄太さんという人は夜間中学の有名な先生だけれども、生徒が何か答えたときに、どんなに間違っていても、絶対に違うといってはいけないとよく若い先生に言いますね。とても勇を鼓して発言したのだから、発言したことをまず認めてやれと。」[16]

この中で、とくに「発言したことをまず認めてやれ」という点が重要です。つまり、どのような人間から発せられた意見でも、まずその発言自体を認めるべきであるということです。これは、「対話」の原点といってよいでしょう。そして、その根本には、だれもがよく生きようとする働きを備えていることを認め合うという基本的な認識があるといえます。

現在、戦後まもなく就労などで昼間学校に通えない子どものために設置された夜間中学も、時代と共に新たな役割を担いつつあります。この映画にも登場してきますが、不登校やひきこもり、海外からの移住など、さまざまな理由で義務教育を受けていない人の受け皿として、国は全国に設置する方向で動いています。二〇一〇（平成二二）年の国勢調査によると、義務教育の未修了者は少なくとも約十三万人に上ると言われています。ただ北海道、東北、中部、四国、九州は公立の夜間中学が一校もない〝空白域〟となっています。今後は、子どもたちの学びの多様性を尊重しながら、教育を受ける権利を保障する選択肢としてこうした夜間中学が増加していくことが期待されます。

(3) 映画『学校Ⅱ』～教師の役割への示唆～

この映画は一九九六（平成八）年に製作されたものですが、北海道の高等養護学校（モデルは雨竜高等養護学校）が舞台となっています。

この映画は、高等養護学校に勤める青山竜平（通称リュー）と新任の若い教師小林大輔（通称コバ）が、ある日学校を抜け出した佑矢と高志という二人の生徒たちを探し歩く中で繰り広げられる、やさしくて、どこかはかなく、そしてユーモアに溢れた物語です。そこには、教師同士・生徒同士の学び合いや、しだいに変化していく人間の心理がよく描かれています。こうした中から、教育とは何か、あるいは教師とはどのような役割かなどについて、私たちに示唆を与えてくれています。とくに、新任の若いコバ先生が学校内を徘徊する佑矢に手を焼き、ついに彼自身切れてしまい、それに対してリュー先生に諭される場面があります。そこには、教師の役割、あるいは子どもとの関わり方の基本的な考え方が含まれています。次は、そのごく一部です。

コバ「何が集中ですか。紙をばらまいているだけじゃありませんか」
リュー「そうだよ。紙をばらまくことに、今あの子の興味を集中させてるんだ」
コバ「迷惑なだけですよ、そんなこと。誰が後かたづけするんですか」
リュー「あんたがやるんだよ。子供たちに迷惑かけられるのが教師の仕事でしょ。そのために高い月給、もらってるんでしょ。それとも教師が楽できるような手のかからない人間を作ることが学校教育とでも思ってるの。まさかそんなこと、優秀な成績で大学を出たあんたが考えているわけないだろ。——
ほら見ろ、面白くて仕方がないんだよ、今」
リュー「何でもいいんだよ、まず子供とのとっかかりを見つける。そして共鳴しあう。それで次の段階に進めるんだから。——ま、いいよ。ここ俺が見てやるからコバちゃんは教室に帰ってひと休みしな」[17]

（傍点引用者）

この場面では、とくに教師が生徒とどのように関わるかについての貴重な示唆を与えてくれています。コバの「迷惑なだけですよ」という言葉に対する「子供たちに迷惑かけられるのが教師の仕事でしょ」というリュー先生の言葉が、それをよくあらわしています。教師の仕事とは、決して「楽できるような手のかからない人間を作ること」ではありません。それはすなわち、教育とは教師の「よい子」のでき上がりの型にあわせて教え込んで作り上げるということではないことを、山田は当然の考え方であるものとして私たちに示唆しています。このあたりにも、山田が特別支援教育は教育の原点であると考えており、そこに、学校全体につながる普遍的な根本が隠されているような気がします。

また、リューの次の言葉——「何でもいいんだよ、まず子供とのとっかかりを見つける。そして共鳴しあう。それで次の段階に進めるんだ」——は、子どもたちに興味や関心を持たせることとも関連して、最も根本的な点であると同時に人間教育の出発点であるといえます。

ところで、この「学校Ⅱ」では、〝学び合う〟ということがさまざまな場面で見られます。とくに、中学時代に受けた差別のいじめによって自閉症傾向のある高志と、先に登場した重度の知的発達の遅れのある佑矢との関係に顕著に見られます。

母親から離れて荒れる佑矢に対して、高志はいつしか彼を素直な心に引き戻します。兄貴分となった高志は、ぐんぐん自信をつけ話をするようになり、佑矢も先生たちの言葉にも応じるようになります。「あなたの息子さん（高志のこと）は人を変える力をもっていたわけなんですよ。こういうことがあるんですね、学校という所は」[18]という校長の言葉が印象的です。学校は、さまざまな人間が出会い、交わり合い、学び合う場所です。それは、単に教師が一方的に生徒に教えるだけの場所ではない。生徒が互いに学び合うこと、また教師が生徒から学ばされることも数多くあります。そうした人間関係が活発に展開される場所が学校であり、もっとも大切な機能（教育的機能）であるといえます。

(4)『たそがれ清兵衛』の中の「学問」について

『たそがれ清兵衛』は、下級武士の生活を見事に描いた時代劇です。この中でも、教育上貴重なメッセージを送ってくださっている箇所があります。それは、いろりで「師のたまわく……」と論語を読んでいる娘が、父清兵衛に「学問したら何の役に立つのか」と尋ねるシーンです。それに対して清兵衛は、「学問すれば自分の頭でものを考えられるようになる、考える力がつく。この先世の中どう変わっても考える力がついていれば何とかしていくことができる。」と答えています。ここには、教育の究極ともいうべき学びの目的について、ゆったりとした目をもって私たちに貴重なメッセージをやはり送ってくれています。

山田は、本来教育とは人間が人間らしくふくらんでいくためのものであって、単に社会に適応できる子どもをある一定の型にはめ込んで作るものではないと警告を発しています。

さらに山田は、すでに三十年以上も前に、現代の子どもたちの心の問題を見通していたかのように、寅さんを通じて次のようにも警告しています。

「人間としてはひどくやせ細った野蛮な状態のままほっておかれて、ペーパー・テストだけをがちゃがちゃ詰め込む、という状態です。相手の気持ちになってやれるとか、その人の立場に立ってものを考えてみるとか、この人の幸せのために自分はどうすればいいか真剣に考えるとか、そういうことにかけては寅さんは誰にも劣らない能力を持ってます。けれども、そういう能力は、今日の学校教育ではまったく評価されないし、逆にペーパーテストさえよければ、他人に対する思いやりなど皆無の冷酷な子どもだって、優れた生徒だという評価をうけて一流大学に進めるんですね。[19]」

私たちは、この監督の言葉を、子どもたちのとくに心をめぐる事件や問題が頻発している今日こそ、真摯に受けとめなければならないのではないかと考えます。

【注】

1　尚学図書編『国語大辞典』小学館、一九八一年、六七一頁参照。

2　大久保利謙編『森有禮全集』（第1巻）、宣文堂書店、一九七二年、四八一～四八六頁参照。

3　宮原誠一他編『資料日本現代教育史2』三省堂、一九七九年、四二〇～四二四頁参照。
4　宮原誠一他編『資料日本現代教育史3』三省堂、一九七九年、四〇四～四〇五頁参照。
5　村井実『教育学入門（下）』講談社学術文庫、一九七六年、一四九～一五〇頁。
6　V．E．フランクル／諸富祥彦監訳『〈生きる意味〉を求めて』春秋社、一九九九年、二二五頁。
7　相田みつを『人間だもの』角川文庫、二〇〇〇年、一一四～一一九頁。
8　サン・テグジュペリ／内藤濯訳『星の王子さま』岩波書店、一九五三年、五頁。
9　ミヒャエル・エンデ『モモ』岩波書店、一九七三年。
10　山田洋次『寅さんの教育論』岩波書店No.12、一九八二年、九～十一頁。
11　同前書、九頁。
12　同前書、七～八頁。
13　山田洋次『学校が教えてくれたこと』ＰＨＰ研究所、二〇〇〇年、三九頁。
14　前掲『寅さんの教育論』、四三頁。
15　前掲『学校が教えてくれたこと』、八十頁。
16　山田洋次『学校』岩波書店、一九九三年、二一六～二二六頁。
17　山田洋次・朝間義隆『学校Ⅱ』ちくま文庫、一九九六年、八二頁。
18　同前書、一〇八頁。
19　前掲『寅さんの教育論』、四九頁。

調べてみよう

◇

① 「聖職」、「労働者」、「専門職」のそれぞれの教師観の特徴とそれぞれの違いを調べてみよう。
② 「教育のパラドックス」について考えてみよう。
③ 教師としての資質や姿勢として大切な点についてまとめてみよう。
④ ミヒャエル・エンデ『モモ』を読んで、とくに「聴く」ことの大切さを確認しよう。
⑤ 山田洋次の映画「学校」シリーズを鑑賞して、とくに印象に残った言葉を書き留めてみよう。

第五章

教師宮城まり子とねむの木学園
～「生きていくお手伝い」としての教育実践～

この章では、子どもたちの学びを援助するという考え方にたった教育実践の一つの事例として、わが国で最初に私立の肢体不自由児養護施設を創設したねむの木学園長の宮城まり子の教育思想と実践を紹介してみたいと思います。

1　宮城まり子とねむの木学園～そのあゆみ～

(1) 宮城まり子の生い立ち

宮城まり子は、戦争の足音が不況と思想統制とともに次第に大きく響いてきた一九二九（昭和四）年四月三日、東京に大衆劇団を組み巡業する家に生まれました。二年後、弟八郎が誕生します。宮城は、幼い頃虚弱児であり、それを支えてくれたのは母でした。彼女にとって母は、最もその後の人生にとって影響を与えた人であり、後に彼女自身「いちばんの教師[1]」とも呼んでいます。しかし、こうして彼女の支えとなってくれた母は、宮城が十二歳のとき結核で亡くなってしまいました。享年三三歳、一九四一（昭和十六）年七月二五日の、太平洋戦争があと数か月で起ころうとしていた暑い日でした。

「十二歳の夏、母が亡くなった。大きくなったら、やさしい先生になりたいと思った。私のように泣いている子のやさしい先生になりたいと思った。小学校の生徒でも、大きなプライドを持っている。私は、小学校の六年生の時、病院の母の看病にくっついていた。行かされたのではない。くっついていた。学校に行って、防空壕掘りがいやだったし、病気で気を失ったりするし、面白くなかった。[1]」

そして終戦後、宮城は女優として本格的に活動を開始しました。一九五三（昭和二八）年、二四歳のとき、「毒消しゃいらんかね」や「あなた本当にすごいのね」がヒットして、一躍スター歌手となりました。さらに二年後の一九五五（昭和三十）年に、有名な「ガード下の靴みがき」が大ヒットし、また続いて「納豆売りの少年」など、都会の谷間で働く貧しい少年の哀感を歌い上げ、菊田一夫*にミュージカル女

優としても育てられました。他にも映画（「おんぼろ人生」など）やテレビドラマ（「てんてん嬢」など）などでも活躍し、文字通り当時の一大スターの座を占めていました。そうした実力が認められ、一九五八（昭和三三）年には、ミュージカル「十二月のあいつ」で芸術祭賞（大衆部門）を受賞しています。[2]

＊菊田一夫（一九〇八～一九七三）…劇作家、演出家、作家、プロデューサー。一九二五（大正十四）年上京しサトウ・ハチローの内弟子などをする。昭和初期、浅草を舞台に喜劇作家として活躍。戦後は、『鐘の鳴る丘』（一九四七～五〇）や『君の名は』（一九五二～五四）などテレビやミュージカルなどで活躍します。

だが、翌一九五九（昭和三十四）年、こうして順調に歩んできた宮城を、足元から崩壊させるような悲報が入りました。それが、指揮者の勉強をしていた弟八郎の事故死の知らせでした。彼は、「指揮棒一本、私に残して」世を去り、[3]まもなく父も、まるで後を追うように亡くなりました。宮城三十歳のときでした。

宮城にとって、母を失い弟、そして父と相次いで身内を亡くした不幸が、その後の彼女の人生を転機させる大きな要因となったことは間違いありません。そして、ねむの木学園創設にかかわる大きなさらなる転機が翌年訪れました。

(2) 学園創設まで

宮城は、一九六〇（昭和三五）年三二歳のとき、脳性麻痺の子役を演じるために、勉強に板橋の整肢療護園を訪ねました。そこで、一人の脳性麻痺で両親のいない子どもと、「就学猶予」という言葉に出会ったのです。宮城は、その子と出会ったときの心境を、次のように講演で語っています。

「自分の意志どおり動かない、その子をよく見て、女優として、どう表現すればよいのか思っていましたとき、ふと気がつきまして、これが女優としてダメなところだとそう思うのですが、その子は人間であるのに、私の演技の対象として私に見られていて、その子を演技すること真似ることによって、私の芝居が成り立っていく、それはどういうことなんだろう、そんな権利が私にあるのだろうかと、そんなふうに思ったのが、障害を持つ子に対する私の最初の気持ちでした。そのとき『就学猶予』という言葉に出会いました。[4]」

小池英文園長の話によれば、その子はすでに両親が離婚しており、父親は所在不明で、看病してくれていた母親も亡くなり、本来なら来年度から義務教育として学校に就学するわけであるができないということでした。宮城はその理由を訪ねると、園長は「法律がないから」と淋しく答えたという。そして、宮城を学園創設に向けさせた言葉が、この「就学猶予」でした。彼女に、ねむの木学園をつくらせた直接の動機は、まさにこの言葉に対する彼女の素朴な批判と怒りの心にあったといっても言い過ぎではありません。では、「就学猶予」とはどのような内容のものなのでしょうか。次がその内容です。

「前条（就学義務）の規定によって、保護者が就学させなければならない子女（以下学齢児童と称する。）が、病弱、発育不完全その他やむを得ない事由のため、就学困難と認められる者の保護者に対しては、市町村の教育委員会は、監督庁の定める規程により、前条第一項に規定する義務を猶予又は免除することができる。」（学校教育法二三条[5]、傍点引用者）

この規定は、あくまで保護者の就学させる義務の猶予であることに注意しなければなりません。つまり、保護者の義務の遂行を一定期間猶予するということです。「病弱・発育不完全」については、盲・聾・養護学校における教育に耐えることができない程度のものでしょうが、法令上には規定はありません。ただし、いかに病弱で発育不完全の事情があっても、就学義務の猶予は子どもの教育を受ける権利を奪うことがあってはならず、それに応じた制度によって教育がなされるべきであるわけですが、当時はそれに対応する制度が国にはありませんでした。宮城は、この戦後の教育の盲点ともいうべきところを突いたといえます。この点について、次のように述べています。

「肢体不自由児施設・ねむの木学園を、なぜつくったか？　自分で理屈をつくっても、どれもほんとうで、どれもあとから考えること。ただ、言えることは、私が彼と彼女たちをしってしまったこと。そして就学猶予という哀しい言葉があったことです。形が不思議なら心も曲がっていると、誤解されている弱者といわれる子どもへの私の正義感、感傷、幸せであることのもうしわけなさ。考えたすえ、お国に、今ないならだれかがしなくちゃ、ただそれだけみたいな気がします。[6]」

翌一九六一（昭和三六）年、宮城三二歳のとき、本格的に土地探しが始まりました。そして、最終的に遠州灘の松林が茂り、ねむの花が美しく咲く砂丘に、ねむの木学園の場所が決定され、八年後の一九六八（昭和四三）年にねむの木学園の認可がおりました。

(3)「肢体不自由児養護施設」時代

①「養護施設」としての出発

しかし、認可はおりたものの、そこに一つ問題が出てきました。それについて、当時厚生省児童家庭局長であった竹内嘉巳は次のように回顧しています。

「元来、法令というものは、何でも類型化してしまうものである。いわば、形式が内容を制約するのである。ところが、宮城まり子は、その奇想天外な発想の内容をすべて法令的形式のなかにつめこもうとする。ここで法令の壁にぶつかり、苦闘することになる。宮城まり子は、家庭を持たない恵まれない子どもたち、そして身体機能に、知恵に障害をもつ子どもたちというダブルのハンディキャップをもつ子どものための『ねむの木学園』をめざしていた。しかし、児童福祉法第四一条は『養護施設は、乳児を除いて、保護者のない児童、虐待されている児童その他環境上養護を要する児童を入所させて、これを養護することを目的とする施設とする』と示し、同法第四三条の三は『肢体不自由児施設は、上肢、下肢、又は体幹の機能の障害のある児童を治療するとともに、独立自活に必要な知識技能を与えることを目的とする施設とする』と規定している。彼女の『ねむの木学園』は、むしろ肢体不自由児施設がより適切であり、彼女もそれを期待したが、同法に基づく、省令児童福祉施設最低基準第九二条の九には、『肢体不自由児施設は医療法に基づく病院であること』とされているため、事実上不可能となり、やむを得ず養護施設として昭和四三年に認可されたのである。[7]」

しかし、その後まもなく、養護施設では現実的に職員の定数や子どもの実態にそぐわないため、厚生省は「肢体不自由児養護施設」という特例を局長通知で定め、宮城の要請を事実上受け入れたのです。

スタートした当初、宮城は女優と園長を両立させるために悪戦苦闘していました。つまり、舞台に立つ宮城は、離れている学園の子どもへの対応と共演している俳優への配慮にそれぞれ懸命でした。ある日、ねむの木の子どもの病気を気遣いながら舞台に立っていた頃を振り返って、宮城は次のように著書に記しています。

「自分の出番が終わると電話。私が出ているときはついているものが電話、衣装を着替えると、電話をかけた。劇場に、ねむの木学園を持ち込んではいけません。これは私の定めだ。女優の場だもの。まして、子どもの病気の状態がほかの俳優さんにわかっては、演技する気分にさしつかえる。」[8]

ねむの木学園は、二年目に入り、子どもの数が一挙に五十人程度になりました。急遽建物もそれに見合うように増築し、職員も増員しました。

しかし、周囲の目はまだ冷ややかだったようです。二年目で約四倍に子どもの数が増えたとき、幼稚園と間違えられて、儲かるでしょうねと言われ、宮城自身「福祉」の現状を改めて考えさせられたと、のちに述べています。

②町の分教場（特殊学級）の併設と集団退職

ところで、ねむの木学園は開園の翌年、町の小学校の分教場を付設しました。現状の肢体不自由児養護施設は、あくまで厚生省の管轄であり、宮城はそちらの園長ではありましたが、分教場は文部省の管轄であり、意見を述べたくても一切口は出せませんでした。それについて、次のように当時を振り返っています。

「学園がはじまって、まだ、二年目の出来事が思い出される。そのころは、肢体不自由児養護施設の方の園長だけであったので、厚生省の管轄。だから、町の小学校、つまり文部省の管轄の方には、口が出せなかった。町の小学校から派遣されて来られる先生方は、私が授業を見ることを、あまり好まなかった。私が、女優であるからか、アマチュアであるからか、先生方のいやみを、時々耳にする。大声で、子どもを叱る言葉が耳に入る。[9]」

「肢体不自由児養護施設ねむの木学園は、住むところでした。一つ教室がありました。町立の小学校から、先生が、二人来て下さいました。これが普通の授業であろうと思いながら、一人一人、学年も年齢も違う子に、同じ教科書。私は、教室でも、クリスマス発表会でも、学校行事は来賓でありました。[10]」

ここでも宮城は、先の「就学猶予」と同様に、一、二年で代わってしまう派遣されてくる教師の子どもの観方や、一斉に同じ教科書で教えるという伝統的な教育の本質的問題を直感的にとらえていました。そして、宮城が恐れていたことが、ある日起こりました。それは、百メートルも離れていない分教場へ行くことを子どもたちが拒む、いわゆる登校拒否でした。

「ねむの木学園の中に学校を併設したのは、子どもたちの登校拒否が招いたことも一つの理由にある。あの子たちは、前、教室と学校と百メートルも離れていない所で、登校拒否をした。ほんとうの病気か仮病か、学校の先生が見にくることができる所で、登校拒否をするのは、よっぽど勇気がいる。（中略）年男ちゃん、あきひろちゃん、なぜか、朝、熱が三七度五分とか、八度二、三分出る。とても気になって、教室にいくのをやめさせ、学校を休ませると、すっと熱が引く。ずるしているのではないかと、何度、ナースが測ってみても、そうなる。あきらかな登校拒否の一つの症状である。この子は絵なら、何時間でもやっているのに。私は、年男ちゃん、あきちゃんの登校拒否がはじまってから、しみじみ思った。やっぱり、一人ひとりのためこころくばりできる学校をつくらなきゃ、自分で私立の学校ももたなきゃだめだな、と。[11]」

また、ある時宮城は、子どもたちが一生懸命描いた絵を、分教場の先生が夕方に焼却炉でもやしているのを、脇から彼らがこっそり見ているのを目撃して、ゾッとしたといいます。彼女は、その先生が去った後、焼却炉に手を入れて取ったとき、子どもたちのための美術クラブをつくることを決心したと述べています。こうした分教場併設時におけるさまざまな問題が発生したことにより、宮城は、独自の学校併設に本格的に動き出したのです。

(4)私立養護学校併設時代

①オープン・クラス・スクール開校

一九七九（昭和五四）年、ねむの木学園は新たなスタートを切りました。それは、念願であった私立養護学校の併設でした。

この年は、折しも養護学校義務化の年でもありました。その歴史的背景には、全国障害者問題研究会（略「全障研」）および障害者の生活と権利を守る全国連絡協議会（略「障全協」）を中心とした十年余の運動があります。この運動が中心課題としたのは、重度の障害者に対する労働の場を保証する共同作業所づくりと、発達保証の観点からの養護学校義務制完全実施です。こうした動きに対して、文部省も腰を上げ、一九六九（昭和四四）年には特殊教育の基本的な施策の在り方についてという方針を打ち出し、また一九七三（昭和四八）年には、ようやく就学猶予・免除体制解削への見解が示されました。つまり、ここで文部省は、省令で、養護学校の就学義務・設置義務を一九七九（昭和五四）年から施行することを決定したのです。そして、ついに一九七九年に養護学校義務制が実施されることになりました。奇しくも、こうした年に私立養護学校を併設することになった宮城は、次のように述べています。

「始めてみて、一緒に生活してみて、あの子たちの教育を、町の本校の特殊教育の場としておくのはよくないと思いつめ、本当に思い切って養護教育義務化の年、施設内に私立の学校を併設したのである。障害を持つ子も、近くのお友達の通う学校に通うことが方法としては私が楽であることは、よく知っているが、遠い養護学校に通うより、その子その子の能力に合わせ、体力に合わせ、自由に勉強させてあげたいと願い、学校（小学部・中学部）を併設したのである。[12]」

これも、一九六八（昭和四三）年同様に困難をきわめました。県庁では前例がないと断られ、文部省は受けつけてくれない。しかし、宮城は「その子その子の能力に応じた教育」を実現したいという強い願いのもとに根気強く同省などに通いました。

そして、三月二五日に正式に認可がおり、四月六日に「学校法人ねむの木学園ねむの木養護学校」の開校式が行なわれました。

宮城は、養護学校を、あえて「オープン・クラス・スクール」と呼びます。そこにも、単なる彼女の趣向の問題だけではなく、従来の養護学校のどこか暗いイメージを根本から変えたいという斬新な思いがあったと考えられます。また、このオープン・クラス・スクールは「無学年制」であり、それに関して宮城は次のように述べています。

「無学年制。何歳は何年生というものを決めない、わがねむの木オープン・クラス・スクールは、十六歳でもひらがなしか書けない子もいるし、二十歳でも、まりこ、だけしか書けない子もいる。鉛筆の持てないまったく字を書くことのできない子が、何人もいる。10＋5はできなくても、絵と日記で、一冊の本を持つ子もいる。ただ、ゆっくり、ゆっくり、育っている。[13]」

ここにも宮城の「その子その子の能力に応じた教育」の考え方の一端がうかがえます。職員も従来の三十人に、新たに学校のための教員が十七人加わりました。

さらにこの年は、厚生省の省令改正に伴い、「養護施設」から「療護施設」に変わりました。これによって、長年宮城が願い続けてきた歳以上の人も学園にとどまることができるようになりました。

こうして、ここに「社会福祉法人肢体不自由児（者）療護施設」および「学校法人ねむの木養護学校」

が併設する形で、ねむの木学園は新たなスタートを切ったのです。

②高等部の設立

小・中学部を併設して三年後の一九八二（昭和五七）年に、高等部が設立されました。小・中学部設立の時に比較すれば、書類などの審査進行も順調にいきました。しかし、宮城にとっては、「学校の精神の責任と、学校経営の資金調達と、職員の確保は私にある。ずんと、また、重い荷物が背骨にひびいた。」[14]というように、これまで以上に彼女の双肩にかかってくることになりました。「背骨にひびいた」とありますが、宮城はこの二年前に椎間板ヘルニアのため入院し手術しています。それまでの疲労が一挙に彼女の腰を襲ったのかもしれません。宮城は、このまだ完治せずいつ痛みだすかわからない腰を抱えながら、九人のための高等部を設立しました。それについて、次のように記しています。

「高校の生徒は、九人である。九人のための学校である。高校は、なにをするところか、重い障害を持つこの子どもたちにどのくらい必要があるか？　全国養護学校校長会で、『高校をふやしても、学力がついていかないのだから、極端な話、大人になる日までの吹きだめですよ』とある校長先生が、おっしゃった。私は、心の中で、その先生をにらめつけていた。でも、私は、高校という場所をかりて学校で、国語だけ、理科だけ、小学校三年生のクラスに入ってもいいじゃないか。つまりは十二年間を、ゆっくり、くり返し勉強すればいい、そう思うのだ。」[15]

翌年の一九八三（昭和五八）年十一月に、ねむの木学園に素敵な一足早いクリスマスプレゼントが届きました。それは、大学の入学案内である。普通の高校であれば、数多くの入学案内が届くのは当然かもしれません。宮城は、何度も二つの大学から届いた入学案内を見て、心から喜びながら次のように述べています。

「大学に行くことが、ただすてきじゃない、と思う。けれど、まったく閉ざされていた中学からの大学への道が、高校をつくったことでつながったのである。たった九人の高校生に届いた入学案内。（中略）私は、ねむの木学園の子が、絵だけや、文章だけなら、入れるのになァと思いながら、『それだけが、入学試験ならねエ』と笑いながらやっぱりうれしかった。それは、大学に入るということではなく、あの子たちの可能性が、少しずつ広がって行くということである。[16]」

十数年前、つまり一昔前は「就学猶予」ということで、義務教育さえ受けることが難しかった子どもたちに、大学へ行く機会が与えられたのです。そこに宮城は、制度的な開放と子どもたちの可能性への広がりを強く感じていました。

③映画製作（その1）とテレソン

宮城はまた、こうしたダブルのハンディキャップをもっている子どもたちがいることを世界に訴えたいという考えから、一九七四（昭和四九）年以降、映画監督としても活動し始めました。これまでに次の四本の映画を製作し、国際赤十字映画祭のスペシャルグランプリ賞や銀賞など数々の賞を受賞し、世界的な評価を受けてきました。

①一九七四（昭和四九）年「ねむの木の詩」
②一九七八（昭和五三）年「ねむの木の詩がきこえる」
③一九八〇（昭和五五）年「虹をかける子どもたち」
④一九八六（昭和六一）年「ハローキッズ」

宮城の映画製作への強い思いは、次の言葉からもうかがえます。

「福祉、福祉といわれ出した時、ばくぜんと感じたある恐れ、それは、この言葉が流行語になることでした。流行はかならずすたれる、そんな不安感でした。私が、『ねむの木の詩』という映画を、やっぱりつくろう、と決心したころです。本当のことをわかっていただかなければ、たった五、六年のつきあいだけど子ども達を美しいと感じることを、誰かにつたえたい、あわれみではなく、わかっていただきたいと。でなければ、流行での福祉は、なんだかおそろしいと感じたからでした。[17]」

(5)「ねむの木村」の完成とその後

これまで紹介してきましたように、宮城は数々の先駆的な仕事を成し遂げてきたわけです。そして、宮城は、これまで以上の大きな夢を実現しました。それが、福祉の里「ねむの木村」づくりです。

一九八四（昭和五九）年、生涯学習都市を全国に先駆けて宣言した掛川市長の手引きで、同市の山間部に広がる八三万平方メートルの土地を見つけました。しかし、ここでも順調には進まずさまざまな困難が待っていました。具体的には、農地転用の手続きにかなりの時間がかかり、また学園予定地の地質が思いもかけず岩盤で予算の不足が問題となりました。そうしたことも、やがてようやく目途がつき、ついに一九九四（平成六）年、「ねむの木村」建設に向けて本格的に着手し始めたのです。とくに、宮城が今回力を入れたことは、お年寄りの入れる身体障害者療護施設でした。一月掛川市上垂木《たるき》に「ねむの木村」の第一期造成工事の起工式が行なわれ、翌年九月より建造工事が着工されました。一九九七（平成九）年に身体障害者療護施設「ねむの木のどかな家」が開園、やがて一九九九（平成十一）年五月にねむの木村開村式が盛大にとり行なわれ、同時に心の支えであった吉行淳之介氏の文学館と子どもたちの絵が展示されているねむの木美術館も開館しました。[18]

そこは東海道線の掛川駅から西の赤石山脈にかかる途中に広がる静かな村里であり、茶畑に囲まれ、約十万坪の山林と畑と湖といった素晴らしい豊かな自然環境です。宮城の大きな夢が、また一つ実現したのです。やさしさと誇りに満ち、身障者たちが生きる権利を貫き、同時に義務も立派に果たすことのできる場所が完成したのです。宮城は、「福祉」と書いて「文化」と読みたいとよく話すことがあります。それ

は、文化程度の高い国ほど、福祉レベルも高いからです。

以上、まず宮城まり子の生い立ちとねむの木学園のあゆみを見てきました。ここで、第一に気づくことは、一般的には必ずしも長いとはいえないおよそ五十年間という学園の歴史の中に、実にさまざまな開設をめぐる困難があったということです。第二は、一人の人間の力と情熱が、いかに多くの人を動かし、法律まで変えるかということです。宮城は、これまで吉川英治文化賞、ヘレン・ケラー教育賞（昭和六十二年）、エイボン女性大賞（平成三年）、辻村賞（平成三年）、東京都文化賞受賞（平成五年）、博報堂教育特別賞・文部大臣奨励賞受賞（平成六年）、高木賞（主催：日本肢体不自由児協会）受賞（平成八年）、第五回尾崎行雄咢堂賞、静岡県都市景観賞最優秀受賞（平成十二年）、東京都名誉都民称号受領（平成十八年）、瑞宝小綬章（平成二四年）など、福祉や教育に関する賞を数多く受賞しています。その中でも宮城は、一九九三（平成四）年に広島大学教育学部からもらった「ペスタロッチー教育賞」を格別に嬉しいといいます。そこには、貧児・孤児の教育に生涯を捧げ、最後まで子どもたちを愛し、信じ、そして家庭的なやすらぎの場としての学校をつくったペスタロッチーの歩みと、宮城自身のねむの木の歩みとが、まさに重なり合うからでしょう。正門を入った正面の建物の応接間に、グローブの『シュタンツのペスタロッチー』の絵がひっそりと飾られています。宮城は、この時の様子を後にペスタロッチーが書いた『シュタンツ便り』の次の一節を常に心の支えとしています。

「わたしは彼らとともに泣き、彼らとともに笑った。彼らは世界も忘れ、シュタンツも忘れて、わたしとともにおり、わたしは彼らとともにおった。（中略）彼らが達者なときもわたしは彼らのなかにいたが、彼らが病気のときもわたしは彼らのそばにいた。わたしは彼らの真ん中にはいって寝た。[19]」

2　宮城まり子の教育思想と実践

(1)　子ども観

①ねむの木の子どもたち～二人の物語～

現在ねむの木学園は、社会福祉法人ねむの木福祉会肢体不自由児（者）療護施設と学校法人ねむの木学園ねむの木養護学校が併設された形で成り立っています。ここに集まってくる子どもたちは、「脳性マヒとかの後遺症で、知恵におくれを持ち、手足にハンディキャップを有し、お家ですごすより、みんながたすけあい、共に暮らすことがよいと思われる[20]」と宮城が説明しているように、いわゆるダブルのハンディキャップをもった子どもたちです。もちろん、ダブルのハンディキャップの具体的な事情や状態は、彼ら一人一人異なった物語をもっています。次に紹介するのは、宮城の著書に見られるその中の二人の物語の一部です。

「今年、きびしいのは、ねむの木学園に入園してきたまもるちゃんの悲しいことがあった。母子家庭で、お母さんがガンになり入院したため、一時保護所に入れられていたのだけれど、非行で、保護された子も何人も入っていて、からだが悪いまもるちゃんはいじめられているので緊急に保護してほしいと、ねむの木に来た。[21]」

「たけひとは、病院にいた時、お父さん、お母さん、兄弟四人、サラ金で苦しみ、一家心中をした。病院に残されたたけひとは、お母さんの『子どもに知らせないで』のひとことで、院長先生からも、校長先生からも知らされず、なんとなく友達のうわさ話で、そのことを知ったのだ。でも、信じたくないうわさを、彼は取り消す方法を持たなかった。ねむの木学園に入園してきた時、もう、どうしようもないほど、人を信じなくなっていた、たけひと。[22]」

これら二人の物語は、ほんの一例です。ねむの木学園とは、人生のスタートからこうした悲しい物語を背負わされた子どもたちが、孤独の中から必死でやさしさと信頼を求めて集まってくる場所なのです。宮城は、この学園を〝良心の集う場所〟と表現することがあります。それは、こうした子どもたちの中の〝良心〟と彼らを受けとめる教師としての大人たちの〝良心〟とがやさしく出会うところを意味しています。

では、約半世紀近くもの間、こうした子どもたちを、宮城はどのような子ども観に立って共に生活してきたのでしょうか。その主な特徴を見ていくことにしましょう。

②かくれた才能

宮城は、「知恵遅れ」という言葉に対して疑問をもちます。それは、この言葉がどこか「ダメな人間ってひびきをもった言葉[23]」であるからです。では、宮城はその言葉をどのように考えるのでしょうか。つまり、知恵が遅れているということは、ただ通常より〝ゆっくり、ゆっくり、育っている〟ことにすぎず、そうした子どもたちのすべての中に内なる素晴らしい「かくれた才能（能力）」が秘められていると考えるのです。

「表面にあらわれることは少ないけれど、内なる場所で、はげしい、すばらしい才能を持っていたのだ。[24]」

「今までだれも気づかなかった、かくれた見えなかった才能が毎日生まれるのである。[25]」

「手足が不自由で、考える力がおそく、そして、家族的にもハンディのある子、その子どもたちを連れて、私は、怖れおののき、とまどいながら、毎日苦しみ続け、目に見えないような、ほんの少しの進歩に、泣き出したいほどの喜びを感じることをただ一つの支えとして、かくされている能力をみつけだしたい、と願う。[26]」

こうした「かくれた才能（能力）」は、子どもたちの内部の「〜したい」という人間の基本的欲求に支えられたものであり、どの子どもにも生来備わっているものであると宮城は考えます。その一端は、「ねむの木学園を建ててからずっと、壁や廊下や窓のガラスやドアに、私は絵をいっぱいかいて、子どもたちの絵をかきたいという心を刺激してきたつもりである。」[27]（傍点引用者）という文章からもうかがえます。宮城は、こうした「絵をかきたいという心」がどの子どもの中にもあるという考えを前提としながら、さらにそうした才能（能力）というものが、「その子、その子に一人ひとりの顔があるように、その子、その子に一人ひとりの能力がある」[28]ことを認めるのです。

③二つのエピソード

次に、宮城まり子の子ども観がよくわかるエピソードを二つ紹介してみましょう。

(a) 教育経験三十年の先生とのズレ

これは、ねむの木学園が開校して二年目の九月末、七歳の男の子が「ぼく　かえる　みつけた。しみそう。くさのところに　いきました。」と国語の授業のときに書いたことから話が始まります。この文を、分教場の先生が「ぼくは　きょう　かえるをみつけました。死にそうでした。くさのところへいきました。」と赤でペケをつけて直しました。その夕方、その子は、東京から仕事を終えて帰ったばかりの宮城に対して、「ぼくは作文もダメなんだね。ダメな子なのね」と泣きながらいったといいます。「作文も」というのは、その子は、先生から〝絵も算数もお前はみんなダメだな〟ということを、すでに何度もいわれていたのです。それを聞いた宮城は、思わず「ダメな子なんか一人もいない」といってその子をその場では慰め、翌日〝ダメ〟といった先生に次のようなお願いに行きました。

「先生、たいへん生意気で失礼だと思うけど、お願いがあります。先生は、学校の教師を長いことしていらっしゃるから、学校の教育方針があると思っています、だけど、この子はこういう丸い形をした子どもだとお考えになっていらっしゃると思います。だけど、この子はこういう横に長い楕円形をした子なので、先生の教育方針からはみ出るところがあります。だから先生、こういう楕円形になって、この子の教育をしていただけませんか。この子は、こういう子どもで、先生のこういう丸い形から見ると、横にはみ出しすぎています。先生、その子にあった形で教育してほしいのです。それは私の無理なお願いでしょうか。[29]」

こうした宮城のお願いに対して、その先生は、「あんた女優さん偉いかしらんけど、私は教育経験三十年です」と悲しくもいったといいます。

この二人の根本的な違いが、子どもの見方にあることは明らかでしょう。子どもをすべて「丸い形」にしか見られず、悲しくも教育経験三十年といった教師と、その子どもの形を認めてそれに合わせて教育しようとする宮城との子どもの観方における大きな〝隔たり〟です。

(b) 展覧会のお母さんとのズレ

次は、大阪での展覧会での子どもを連れたお母さんとのズレです。

「こんなこともあった。大阪の展覧会のとき、子どもたちの絵の前で、一人のお母さんが自分の子どもさんに、『あんたも、こんな絵がかけなければだめじゃないの。いつも、へんな絵ばっかり。この子たち、からだの悪い子なのよ。あんた、しっかりしなさい。』って、おっしゃった。私は、そのお母さんに思わずいってしまった。『お母さん、生意気いってすみません。お宅の坊やには、坊やの絵があると思うのです。その子、その子によって、違っていいんじゃないでしょうか。』愛する人に能力を認められ、信じてもらえていると思うとき、子どもは才能がはじける。そして、子どもたちには、子どもたちの世界があると思った。[30]」

ここにも、宮城と母親との子ども観のズレが読みとれるでしょう。それは、子ども一人一人を人間として温かく認める宮城に対して、それを偏見から冷たく認めない母親との違いです。

以上のように、宮城は、どの子にもみなかくれた才能（能力）があり、それが愛され信じてもらえることによって〝はじける〟と考え、それが「ダメな子なんか一人もいない」という言葉に集約されているといえます。

(2) 教育観～「生きていくお手伝い」～

宮城まり子の教育観を最もよく表している言葉が「お手伝い」です。

「私には、教育とは何か、とはうまくいえない。知識がなくては、生きてゆけない。けれど、本質をみきわめることを、自然に覚えた彼と彼女は、いま、なにかを乗り越えたと思ったのだ。あとは、そのまま、そっと正しく道案内する。生きていくお手伝いをする。[31]」（傍点引用者）

ここでの「生きていく」とは、先にも述べたように自らの才能（能力）を限りなく発揮しながら、よりよく生きることを意味しています。宮城は、この「お手伝い」の中心として、三つの「I」――①Identity（自我同一性）、②Inquiry（探究）、③Interaction（他人とのつきあい）――を挙げています。[32]これら三つの「I」は、具体的に、①障がいを持っている自分自身をしっかり見つめ、②自らの才能（能力）をもって興味あることを探り、③他者と助け合いいたわり合いながら生きることを意味しています。

では、「生きていくお手伝い」の具体的な例を次にいくつか紹介してみましょう。

脳性マヒの後遺症で手と足が上手に動かず、ゆっくり物を考えるたかひろくんに、宮城は、人と人とのつながりの素晴らしさを感じること、さらに感じたものを表現することを教えたいという考えから、カナタイプを打つことを彼に勧めました。しかし、それまでたかひろくんは、手が大きく広がりバランスを失い字とは無縁でした。宮城は、たかひろくんに無縁だった文字を無縁でなくするための「お手伝い」をしたのです。

「まったく縁のなかった字を、『私のいうことを信じて』とカナタイプをうつことで、つながりがつきはじめました。ふりまわす手で、タイプのキイめがけておろします。もちろん、隣に飛んでいってしまうのが多いのだけれど、がんばって、がんばって、自分の名前がかけた時、うれしかったです。タイプを、ガムテープで下の台にはりつけたり、同じ形の箱をつくって、はめこんだり、いろいろやって、字が並びはじめました。[33]」

ここには、単にタイプを教えるといったこと以上に、タイプを通してその子の根本にある「表現したい」という欲求をいかにかなえてあげるか、という宮城の考えがあります。タイプをガムテープで下の台にはりつけること、同じ形の箱を作ってはめこんだりといった、きめ細かな教育的配慮や工夫が、たかひろくんの〝かくれた才能〟を開かせることになったのです。

もう一つ、「お手伝い」としての教育の工夫例を紹介しましょう。それは、子どもたちが絵を描くための「お手伝い」の工夫です。

「私は、その子の能力と、その日の体力に合わせて、いろんな大きさの紙を用意している。えのぐは、いま、マジックペンを使っている。それまで、クレヨンやクレパス、色えんぴつ、水彩など、いろいろ使ってみた。マジックペンだと流れない。水彩は、色と色を重ねるとよごれてしまい、手が自由でないとはみだしてしまう。マジックペンやクレパスは、手でこすれてしまうからよごれる。クレヨンもクレパスも、ポキッと折れてしまう。たべちゃう子もいる。障害のない子ならいいけれど、今までの画材は無理だった。色鉛筆は、力のある子はきれいに塗れるけれど、力のない子は、うすく塗ってしまう。水彩は流れてしまう。それでマジックペンに落ちついた。」[34]

ここにも、絵を楽しませてあげたいという宮城のやさしい配慮と、子ども一人一人の体力と能力に対するしなやかな観察の正確さによって、見事な「お手伝い」としての教育が展開されていることがうかがえます。

ここで改めて私たちが気づくことは、タイプライターにしろ絵にしろ、それらは教師が「教える」ものではなく、子どもたち一人一人の「表現したい」という気持ちをかなえるための一つの道具であり、子どもたちが自分でも知らなかった新しい自分に出会うための手段であるということです。

さらに、宮城の「生きていくお手伝い」は、単に教育の工夫にとどまりません。ときにはそれは、自らの体をはった必死の援助となる場合があるということです。その好例が、次に紹介する「世界子ども集会」に出席したときのエピソードです。

「国際児童年と障害者年に、代表に選ばれて、八人の子どもを連れて『世界子ども集会』に行った。ハードスケジュールだった。子どもたちは、とても立派で、誇りであったけれど、でも、おそろしかったこともあった。展覧会の初日、もうすぐ大統領がこられるというとき、やはり緊張したのか、言葉の出ないやすひこちゃんが、声が出ないから吸う息が多くなっていつのまにか胃に空気をためて、つばが呼吸器のほうに入って、息をつめてしまった。まっ青になり、白眼になったとき、この会場から、医者に連れて行くあいだに死んでしまうかと思った。私は、一瞬、その子の口に、私の口をつけてありったけの力で吸いだした。呼吸器のほうのつばも、胃の中にある空気も、つばも食べたものも、ぬるぬるしたものも胃液も、私の胃袋に入れた。そのときのその子のうれしい顔。息ができて、ほっとしたとき、涙いっぱいぎゅうっとありったけの力で私にしがみついてきたときの安心した顔。『こわくない、大丈夫よ』って、笑って、大統領とあいさつして、知らん顔をしていたけど、ほかの子もそれを見ていた。そして、おなじようにほっとした[35]。」

宮城は、教育とは「人の命を守る仕事」であり日々「戦仕度」の活動であるといいます。まさにここには、日常何が起こるかわからない体当たりの命を守るための「生きていくお手伝い」が鮮烈にしかも見事に描き出されています。私たちは、「お手伝い」などというと何か弱々しく、消極的な印象を持ちがちですが、実は子どもたちと生活を共にする中での積極的で力強い働きかけなのです。

(3) 教師観

① 「俳優（役者）」としての教師

宮城は、女優としての自らの経験から、よく学校の教師を「俳優（役者）」にたとえます。つまり、教師とは、黒板という大きな舞台装置の前に立って、先生という衣装と、教科書という台本を持ったロングランの俳優（役者）であるということです。

「先生って、子どもと真剣勝負。役者も毎日真剣勝負。何度、教えても、つたえても、反応がないとき、死にたい。でも、教室の教師にしろ、生活の教師にしろ、お医者さまも、すべて人間にかかわる仕事をしている人は、自分自身のからだの奥のほうにある、情熱の炎を、自分でかき立て、消してはならないと思う。教育にたずさわる人も、舞台に立つ俳優も、おなじ。メーキャップしているかいないかの違いで、教師は、黒板の前という舞台装置の前で、教科書という台本を持った役者じゃないかと思う。[36]」

この中に、宮城の芸術家としての感性に支えられた的確で鋭い教師に対する観方が読みとれます。俳優（役者）にとって舞台の上が勝負であると同様に、教師も黒板の前が勝負です。それを見事に演じるためには、自分の体の奥の方にある「情熱の炎」を自らかき立て消してはならないと、宮城はいいます。このことはまた、教育という仕事が、いかに真剣に子どもたちにぶつかればぶつかるほどエネルギーを必要とするかということをも暗示しています。さらに、宮城がいう「俳優（役者）」としての教師とは、一人だけで一方的に演じる存在ではなく、一人一人が主役である子どもたちと共に演じる、いわば〝即興劇の俳優〟と考える方がよりふさわしいかもしれません。

②教師の役割〜三つの「もたせる」〜

宮城は、教師はだれでも子どもをよくしたいと思うことは同じであると基本的に考えます。では、子どもをよくしようとする教師の役割について、宮城はどのように考えているのでしょうか。それは、次に紹介する三つの「もたせる」ということに集約されていると考えられます。

(a)「興味」をもたせる

第一は、「興味」をもたせるということです。一般的に、子どもの学習のスタートで重要なことは、いかに理解させようとする内容に興味をもたせるかということです。その場合、宮城は何よりも子ども自身が「見ている」ということを大切にしています。それは、次の染め物の例に見ることができるでしょう。

「自分の好きなようにしぼるのはこどもたち、染めるのはまり子さんです。生涯学習の時間とか、家庭科の時間にワイワイ一生けんめいしぼります。何もしないで見ている子もいます。でも見ていれば、いつか、自分も、やってみようかと思ってくれればいいので、ねむの木の学校は『さあ、全部でやりましょう』とはいいません。『たのしいから、やってみない』っていいます。何もしなかった子も、半年くらいたつと、一つ一つ、お姉さんに手伝ってもらってしぼります。[37]」

宮城は、無理に教師の側から興味を押し付けることはしません。まず、自分たちが楽しく行なっている姿を見せます。その楽しさが、自然に見ている子どもに伝わり、「やってみたい」という気持ちが芽生えてきたと思われるタイミングをみはからって、その瞬間「やってみない」という言葉をその子にかけてあげるのです。宮城は、「見ているだけだけれど、見ていることが教育なんだ。教科書をおぼえさせることより、見て話して感じることの方が、強く重大な教育だ[38]」とも述べています。

しかし、そもそも「見ている」という根本には、子どもの自由な観方や感じ方を認めて尊重するといった考え方が教師側になくてはなりません。すでに教育観でも述べたように、宮城の根底にそれがあるのです。

(b)「自信」をもたせる

第二は、「自信」をもたせることです。これに関して、宮城は次のように述べています。

「私は最初、あの子たちにはほめること、喜ぶことで自信を持たせよう、教育するよう努力した。あの子たちは、学園に入る前、不自由だ、だめだ、極端に言えば邪魔。また、一人の子の世話を二十四時間することで、家庭が崩壊しそうになり、親子心中を考えない父母はなかったはずである。だから、あの子たち、自分に自信を持たせ、自分が必要な存在であると確信させたかった。[39]」（傍点引用者）

この文章からもわかるように、宮城のいう「自信」とは、生きるための「自信」であり、単なる机上の学習における知識・技術を習得するためのそれではありません。

現在、学校教育では、子どもたちの「よさ」をできるだけ見つけてほめてあげることを勧めています。それ自体重要であるという考え方に異論はありません。しかし、「ほめる」ということは、その根本に宮城のいうような子どもたちの生きる「自信」をもたせたいという気持ちがまずなくてはならないと考えます。ややもすると、「ほめる」という教師の行為が表層的となり、上滑りに終わることがよくあります。それはなぜでしょうか。おそらくそれは、根本的によりよく生きようとがんばっている成長の姿をしっかりと見ていないことと、それに伴う感動が伴っていないからかもしれません。

宮城の著書の中には、子どもたちに生きる「自信」をもたせることにかかわるエピソードが多く見られます。その好例が、次に紹介する展覧会に連れていったときの子どもの場合です。

「展覧会につれて行きました。自分の絵を見上げる子の、うれしそうな顔、自分の何かを認められた時に、子どもは、強い自信がもてるのだと思いました。[40]」

(c)「責任」をもたせる

第三は、「責任」をもたせるということです。

ねむの木には、現在〝ねむの木ハンカチ染会社取締役社長〟という人がいます。たえちゃんです。同学園では生涯学習の時間や家庭科の時間に、ハンカチ染めが実際に行なわれます。教室の真ん中で、携帯用のガスボンベで染め物の大きな鍋を三つ並べて、宮城の染物屋が始まります。染まったものを、教職員のお姉さんたちが洗い、それを子どもたちがほどく。やがて子どもたちは、それらをオープンクラスと呼ばれる教室のコルクの床に並べます。そこでたえちゃんの登場です。ハンカチを何枚染めて、何枚失敗したかを数える役です。

「たえちゃんは、算数があまりうまくなかったので、何度も何度もかぞえて、オレンジ九十八枚、ピンク五十枚とノートにかきしるし、残り、染めてないぶん二〇〇枚とか書き出せるようになりました。すごいことです。（中略）人間は、自分が責任を持ったら、あんまりうまくなかった算数まで、できてしまうものなんだと。」[41]

責任をもたせるということは、先にも述べましたように相手のよりよく生きようとする人間性を認めるということを前提としています。そして、このたえちゃんのように、具体的な実践活動を通して、生活と教育が表裏一体となって子どもたちに責任感を学ばせていくのです。また宮城は、子どもたちに責任をもたせるためには、教師（大人）自身が責任をもたなければならないとして次のように述べています。

「細かく細かく、小さなことばかり叱らなくてもいい。それは、うるさいだろうなって、そう思う。細かいことは、叱らなくてもいい。大事なことは、まとめて、ありったけの本気で叱ることではないかと、私は思う。そしてまた、ほめてばっかりいたら、子どもは自分で、よくできていないことを知っているので、このくらいでほめるのかと、こちらを軽蔑する。そのときの子どもたちに真剣に対することこそ、大人の責任なんだと、こう思う。」[42]

ここで宮城は、「真剣に対する」ことが「大人の責任」であるといっています。では、「真剣に対する」とはどのようなことでしょうか。それは、「〝いけません〟〝駄目です〟って言うとき、おとなは、子どもが何を考え、何をしているのかをよく見きわめてから言わなくてはいけない」という言葉にあらわれていると思います。つまり「真剣に対する」とは、「子どもが何を考え、何をしているのかをよく見きわめ」ることであり、それぞれ子どもを真摯な目をもって見るということです。結局、子どもに「責任」をもたせるためには、まず教師（大人）が責任をもたなければならないということです。

以上、教師の基本的な役割について、三つの「もたせる」こと、すなわち「興味」をもたせる、「自信」をもたせる、「責任」をもたせることについて、具体例をまじえて紹介してきました。こうした宮城の考え方は、私たちが子どもをよくしようとする場合の具体的な方法を考えるための一つの手がかりを与えてくれるものと考えます。

(4) 学校観～「家庭」としての学校～

では最後に、宮城の学校観について考えてみましょう。

第一の特徴は、学校を「家庭」としてとらえているという点です。宮城は、ねむの木という学校をできるかぎり家庭的にして、子どもたちにそうした雰囲気の中で生活させてあげたいと願います。

「家庭でなければ、味わえない寝坊した朝の光の差し込んでくるふとんのなかできくまないたの音や、ものの煮えるにおい。それを感じながら待つ。ずいぶん家庭的にも心くばりはしているつもりなのだけれど、そんな雰囲気は、大きな調理場の学園にはない。それを味わわせたくて、時間をおくらせて、待たせたり、間に合わないと、おかずは残りものよといったりした。[43]」

ねむの木の子どもたちのほとんどは、家庭の「音」や「におい」を知りません。だから宮城は、〝学園〟という限界を感じながらも、できるだけ家庭的な〝温かさ〟を味わってもらいたいという親心によって、その雰囲気づくりに努めるのです。その一つが、ねむの木学園には「先生」「生徒（学生）」は存在しません。子どもたちは、宮城を「おかあさん」と呼び、教職員の人たちを「お姉さん、お兄さん」と呼び、そして子どもたちは「子どもたち」です。こうした宮城の家庭的配慮は、他にも学園生活の中に多く見られます。二つの例を以下に紹介しましょう。

一つは食器です。学園の創立当初、食事をする食器がプラスチックでしたが、それを宮城は見逃しませんでした。普通の家庭であれば、通常プラスチックの食器は使用しません。確かに学園の子どもたちの中には、手が不自由でお茶碗などをしっかりと持てず落としてしまう子もいるかもしれません。しかし宮城は、お茶碗がこわれること以上に、家庭的な雰囲気を大切にしたいと考えたのです。その結果、ねむの木の食器はすべて家庭で用いられるような瀬戸物に変わりました。

もう一つは、宮城が「魔の時間」と呼ぶ瞬間です。

「授業が終わり、遊びが終わり、ごはんですよとほんの少し待つ時間を魔の時間と思う。保母は食事の仕度、教師はさよなら、このほんのちょっとした間、耐えられない淋しさに、大変なことが起きるのではないかと、いつも心配で、この時間に職員の勤務人員を多くしてある。子どもたちにもっとも声をかける時間だと思うのだ。『かえっていらっしゃーい。ごはんよー』の、この声は、母のない子にはありえない。」[44]

「『かえっていらっしゃーい。ごはんよー』の、この声は、母のない子にはありえない」という、この宮城の繊細な配慮はどこから来るのでしょう。それは、この「魔の時間」を見逃さない鋭い洞察力と、天性ともいうべき人間へのやさしさから生まれてくる親心に起因していると考えられます。

以上、ねむの木学園の経緯と宮城まり子の教育についての考え方を中心に考えてきました。とくに宮城の教育観を振り返るとき、私たちは彼女独特の言葉によって教育の根本的な問題が語られていたことに気づくはずです。「ダメな子は一人もいない」「かくされた才能」という子ども観、「生きていくお手伝い」という教育観、「俳優（役者）」として「興味・自信・責任をもたせる」という教師観、そして「家庭」としての学校観です。こうした一見ありふれた言葉が、宮城によって用いられた途端逞しく生成していくのです。それはなぜでしょうか。私は、その手がかりが、次に紹介するジャン・ジオノの有名な小説『木を植えた男』の一節にあるように思われます。

「どんな成功のかげにも、逆境にうちかった苦労があり、どんなに激しい情熱を傾けようと、勝利が確実になるまでには、ときに絶望とたたかわなくてはならぬことを知るべきだ。[45]」

宮城まり子の教育思想は、ここでいう「逆境」と「絶望」のまさに〝実践〟の中から導き出されたものなのです。だから、先に紹介したような素朴な言葉が、私たちの心の中に強く訴えるだけの〝重み〟をもつのです。今日のような教育の大きな意識変革、システム変革の岐路に立つ私たちは、教育とは何か、子どもとは何か、教師とは何か、そして学校とは何かといったことを、宮城のこうしたさり気ない言葉の〝重み〟を認識するところから、あらためて再出発することが今求められているように思えるのです。

【注】

1　宮城まり子『まり子の校長日記』小学館、一九八五年、二十〜二一頁。
2　朝日新聞社編『朝日人物事典』朝日新聞社、一九九〇年、一五六九頁参照。
3　宮城まり子『何かが生まれる日』日本放送出版協会、一九八〇年、八九頁。
4　宮城まり子、世田谷市民大学講演内容より、一九九五年十二月二一日、世田谷市民大学にて。
5　教育六法編集委員会編『解説教育六法』三省堂、一九九〇年、五一頁。
6　宮城まり子『ねむの木の子どもたち』ごま書房、一九七三年、十二〜十三頁。
7　宮城まり子『まり子の目・子どもの目』小学館、一九八三年、十一頁。
8　前掲『ねむの木の子どもたち』、一一一頁。
9　前掲『まり子の校長日記』、二八頁。

10　前掲『何かが生まれる日』、二四頁。
11　前掲『まり子の目・子どもの目』、一〇一〜一〇四頁。
12　前掲『まり子の校長日記』、一二六頁。
13　前掲『まり子の目・子どもの目』、一四六頁。
14　前掲『まり子の校長日記』、九頁。
15　同前書、九〜十頁。
16　同前書、一二九頁。
17　同前書、二二頁上。
18　宮城まり子『またあしたから』ＮＨＫ出版、一九九九年、三一七〜三二五頁参照。
19　長田　新訳『隠者の夕暮・シュタンツ便り』岩波文庫、一九四三年、五八頁。
20　宮城まり子『ねむの木・まり子・こどもたち』海竜社、一九五五年、一四六頁。
21　前掲『まり子の校長日記』、一一四頁。
22　同前書、一一七頁。
23　前掲『まり子の目・子どもの目』、九四頁。
24　前掲『まり子の校長日記』、三四頁。
25　同前書、四一頁。
26　同前書、二三一頁。
27　同前書、三八頁。
28　前掲『まり子の校長日記』、一三三頁。

29　前掲『まり子の目・子どもの目』、九二頁。
30　同前書、四二頁。
31　前掲『まり子の校長日記』、一三二頁。
32　前掲『まり子の目・子どもの目』、一七八頁。
33　宮城まり子編『ねむの木の心の空はいい天気　ねむの木学園さとうたかひろ詩集』青娥書房、一九九六年、四頁。
34　前掲『まり子の目・子どもの目』、四六頁。
35　同前書、一八八～一八九頁。
36　前掲『まり子の目・子どもの目』、一七六～一七七頁。
37　前掲『ねむの木・まり子・こどもたち』、五六～五七頁。
38　前掲『まり子の校長日記』、三四頁。
39　前掲『まり子の目・子どもの目』、一四四頁。
40　宮城まり子『何かが生まれる日』日本放送出版協会、一九八〇年、三四頁。
41　前掲『ねむの木・まり子・こどもたち』、六十～六一頁。
42　前掲『まり子の目・子どもの目』、八五頁。
43　前掲『まり子の目・子どもの目』、十四～十五頁。
44　同前書、五二頁。
45　ジャン・ジオノ、寺岡　襄訳『木を植えた男』あすなろ書房、一九九二年、四二頁。

［参考文献］
1　宮城まり子『まり子の「ねむの木」45年』小学館、二〇一二年。
2　宮城まり子・としみつ・つとむ『まり子おかあさんへ』海竜社、二〇一四年。

調べてみよう

◇
①「肢体不自由児養護施設」「身体障害者療護施設」について調べてみよう。
②宮城まり子の教育思想の特徴についてまとめてみよう。
③現在のねむの木学園について調べてみよう。

第三部

人間教育をめざす
学校改革を考える

第六章

学校改革の現状と課題
～アメリカと日本～

1 「学校」の意味と社会的機能

(1) 「学校」の語源と意味

学校の語源は、一般に東洋では古代中国の『孟子』の「庠序学校を設け為して、以て之を教ふ」に由来するといわれています。ちなみに、「庠《しょう》」「序《じょ》」とは中国で村里の学校を周代には「庠」、殷代には「序」といいました。日本で最初に学校の名称が用いられたのは、中世の足利学校であるといわれています。西洋では、「school」の語源となっているギリシア語の「schole（スコレー）」に由来し、「閑暇、ゆとり（の場所）」を意味しました。すなわち、自ら自由人であったギリシアの上層階級の人々が、閑暇をさまざまな学術の談話に費やすことに端を発しています。

学校の意味としては、大きく広い意味と狭い意味とが考えられます。広い意味では、「よく生きようとする」人間と「よくしたい」という意欲の人間とが互いに出会い交わり、そこに一つの集団や組織が形成された施設という意味であり、狭い意味での学校とはいわゆる法律で定められた学校であり、現在の日本の学校でいえば、学校教育法第一条に定められた学校（幼稚園、小学校、中学校、義務教育学校、高等学校、中等教育学校、特別支援学校、大学および高等専門学校。なお、これらを一般に「一条校」と呼ぶ）および専修学校、各種学校等を意味します。[1]

(2) 学校の社会的機能

一般に「学校」と呼ばれる機関には、以下の三つの社会的機能が基本的にあります。

①教育的機能…「よくなろう」とする意欲をもつ人間と「よくしよう」という意欲を備えた人間との相互関係（出会いや交わり）とをともなって発生する。

ex. 孔子をめぐる師弟の集団、ソクラテスの「徒」、蕉門の俳諧の「座」など

②情報的機能…「よくなろう」とする人間の出会いや交わりは、知識、技術、ものの観方・考え方など、特定の情報の授受や処理の仕方をともなって発生する。

ex. 寺子屋の読み・書き・算、コンピュータ専門学校のコンピュータ操作に関する知識や技術など

③選抜的機能…個々の人間の適性や能力に応じた、社会における人材の重要な選抜的機関としての機能をとも

なって発生する。[2]

ex. 現在のＡＯ入試や推薦入試、面接試験など

本来の「学校」は、これら三つの社会的機能を自然なバランスをもって兼ね備えていなければなりません。とくに第一の教育的機能が根本的に十分働いていなければ、広い意味でも狭い意味でも学校と呼ぶことはできません。さらに重要なことは、第一部の第二章で紹介した生産モデルの典型ともいわれるランカスター方式を思い出してもらいたいのですが、理想的人間像を作り上げる（生産する）ことに専念して学習者の人間性を軽視あるいは無視して、極端に情報的機能と選抜的機能が大きくなってバランスを崩すという問題です。それによって学校教育現場ではどのようなことが起こってくるかについては、同章で紹介した戦後日本の高度経済成長時代の教育状況を見れば明らかでしょう。学校教育において重要なことは、まず一人一人の子どもがよく生きようとしていることを認め、その学びを援助していくということです。特定の情報を理解させるにしろ、何らかの方法によって選抜するにせよ、まずこの点をしっかりと自覚しておくことが何よりも重要と考えます。現在では、こうした一人一人の子どもたちの学びをいかに実現していけるかといった視点から学校改革を進めている事例が多く見られます。では、そのような事例を、ここではとくにアメリカと日本の場合で紹介してみましょう。

2　アメリカの学校改革

(1) チャータースクール

一九八三年、時のレーガン政権下の連邦政府は、教育への危機感から「危機に立つ国家（A Nation at Risk）」を発表しました。その背景には、それまでの自由教育の方針が、いわゆる強いアメリカの根幹を揺るがしはじめたためでした。公立学校は校内暴力や銃の問題などによって危険な場所と化し、さらに学力低下をまねく結果となっていました。「危機に立つ国家」は全米で大きな反響を呼び、各州は教育の建て直しに真剣に取り組むことになったのです。とくに、公立学校の児童生徒の学力向上を目的として登場してきたのが「チャータースクール（Charter School）」による学校改革です。では、チャータースクールとはどのような学校なのでしょうか。

まず、「チャーター（Charter）」とは「特別許可（認可）状」を意味し、したがって「チャータースクール」とは「特別許可（認可）状を有する学校」ということです。主な特徴としては、次のような点が挙げられます。

①設立は、有志（教員、保護者、地域住民等）が「よい学校をつくりたい」と手をあげることからはじまる。
②申請は州と学区が審査し、州、学区と申請者の間で一定の契約を締結する。

③運営資金は、州政府が州内の公立学校に出している交付金が生徒の頭数に応じて支給される。
④設立されたチャータースクールは州や学区の規制に縛られず、自由に教育活動を行なうことができる。
⑤その代わり、情報開示が義務づけられ、教育の結果責任が問われる。
⑥五年程度の期限付きで、期限が来たら継続のための審査を行なう。責任が果たせない場合は閉校となる。
⑦財政的には、施設・設備は設置者が負担する場合が多い。経常費は学区が公費をあてる。
⑧教育課程だけでなく、教員の採用や一定の総額が与えられた範囲内での予算配分についても学校が独自に決定できる。
⑨チャータースクールを選んだ子どもたちは、学区外からも通うことができる。[3]

まず、チャータースクールは、有志（教員、保護者、地域住民等）がつくる公立学校であるということです。その学校を立ち上げる主体を「オペレーター」といい、一方学校を認可し監督する公共団体を「スポンサー」と呼びます。チャータースクールでは、親のグループ、教師のチーム、病院や少年・少女クラブのような地域社会の組織、大学あるいは保育センター、さらに（数州では）民間企業でさえ運営者（オペレーター）になりうるといわれています。[4] ただし、申請者の条件は州によって異なります。たとえば、アーカンソー州では既存の公立学校からの転換のみが認められており、ルイジアナ州では非営利団体、大学、福祉団体、教員免許をもつ三人以上の教師グループであり、ペンシルベニア州では非宗教団体でなければならないという条件があります。[5]

二〇〇四年度には、四一州で州法が制定され、二〇一一年には全米で五七一四校のチャータースクールが存在し、児童生徒の三・五％にあたる約一九四万人の生徒が学んでいるといわれています。もちろん、上記⑥のような五年程度の期限付きで期限が来たら継続のための審査を行ない、責任が果たせない場合は閉校となった学校もあり、一九九三年から二〇〇三年の間に四二九校が廃校となっています。チャータースクールは、既存の公立小中学校と並んで、その独自性を主張するため、当初コンピュータ・リテラシー教育や理科教育に特化した学校、あるいは不登校の子どもたちを対象にした学校など、さまざまな特徴あるいは教育的配慮をその前面に押し出していました。その後、人口構成比率に伴った人種別の入学者数を制定する学校が出るなど、教育政策的な色彩も併せ持つようになってきました。全米ではこうした学校の数は急増しています。二〇〇八年の統計によると、全米の五九％のチャータースクールでは、入学するためのウェイティング・リストがあり、平均一九八人の生徒が入学の空きを待っている状態です。

こうしたチャータースクールが登場する背景には、従来の公立学校の画一的教育への不満・限界感があり、市民が多様な学校を設立し、学校選択の幅を拡大したいという強い希望があることは間違いありません。

ところで、チャータースクールの思想的源流については、一九七〇年代のフリードマン提唱の教育バウチャー（education voucher）とデンマークの「フリースクール」と呼ばれる公費維持の学校が考えられます。前者は、学齢児童をもつそれぞれの両親に対して、公認された学校での特定のレベルの授業料を支払うために利用できる子ども一人当たりの公費をバウチャー（就学保証金証書、学校利用券または教育クーポンともいう）として与えることを制度化するという、学校教育に自由市場の競争原理を持ち込む思想です。一方後者は、公立学校が異なった地域社会の多様な両親のグループによって設立され、親たちの好む方式、要望および関心に応えて学校選択を保証するという考え方です。

基本的にアメリカの教育は、連邦、州、および地方の学区の三段階に分かれています。連邦政府は、主として貧困家庭出身の子ども、英語を母語としない者、障がい児などを対象にした教育の機会均等を保証する事業への補助金を州に交付します。そして州は、初等・中等教育についての最終的な責任を負い、基本的経費を保証し、さらに学区は、実際の権限と責任の多くが移譲されており、全米で約一万七千学区存在します。伝統的な公立学校については、学区の教育委員会が学校の予算や人事についての権限を持ち、学校の裁量は少ししかありません。そうした中で、チャータースクールは、予算や人事の権限を学校に委ねたわけであり、それに伴い結果責任をもたせたのです。

全米で最も早くチャータースクールを認可したのがミネソタ州でした。一九九一年五月、ミネソタ州議会で「本当に学ぶ意欲が戻るのか？」や「民間に任せて教育の質は保てるのか？」などの議論を重ねた末、全米で初めて「チャータースクール法」を可決成立しました。同州の「シティー・アカデミー」（新設型）は、全米第一号のチャータースクールです。セントポールの東部地区にあり、貧しい人々の住む地域で人種もさまざまであり、困難を抱えた家族が多いところです。学校をドロップアウトした子どもたちを救おうと、それまでふつうの公立学校で教えていた教師が開校しました。現在、十三歳以上の子どもたち百人が学び、大学への進学率も九〇％であるといわれています。[6]また、ナーストランド小学校（転換型）は、幼稚園児から第五学年の児童まで一三〇名ほど通う農業地帯の学校です。チャータースクールに転換した理由は、まず校長ら教師たちが、体験型の学習を重視する独自の教育に取り組みたかったことであり、もう一つは統廃合からこの学校を守ろうという地域の人々の願いがあったことです。

以上、チャータースクールの特徴を中心に述べてきましたが、このスクールへの不安や問題があることも事実です。たとえば、偏った価値観を教える学校が出てくるのではないか、民間に経営を任せて詐欺などの問題が起きないか、少数のエリート養成のための学校が登場するのではないか、などです。こうした問題を今後解決していくことが重要です。

(2) ホームスクール（在宅学習）

在宅学習は、英語で「ホームスクール（Home School）」あるいは「ホームスクーリング（Home Schooling）」と呼ばれ、その学習者を一般に「ホームスクーラー（Home Schooler）」といいます。在宅学習とは、基本的に学習者が日常生活を営む家庭を主な学習の場として主体的に学ぶことを意味します。しかし、必ずしも家庭だけに限定されるものではなく、また学習内容や方法なども決まった形は存在しません。

この在宅学習は、ややもすると保護者とその子どもという関係のみに限定して考えられる傾向がありますが、むしろ同じ関心を持つ家族などが構成する一定のグループ（会員）の中で実施されている場合も多く見られます。すなわち、会員は家庭を中心に学び、親たちは家庭で使用している教材等を持ち寄り、情報交換をしたり学習の成果を報告したりします。また、共通の教材を使用している場合などもあり、その教材開発なども検討されます。

元来在宅学習は、アメリカなどで、学校が家から遠く離れている理由や公立学校における宗教教育に不満を抱く敬虔なキリスト教徒が信仰上の理由から在宅学習を選択していました。しかし、近年になり、先にも述べましたように、麻薬・銃・暴力さらには学力低下などのさまざまな問題で荒廃した公立学校に見切りをつけて在宅学習を選ぶ場合も目立ってきています。もちろんその数は全児童数の数％ですが、そうした傾向があるのは事実です。

たとえば、アメリカでは、現在すべての州で合法化され、社会的にも認知されており、ホームエデュケーション全米センターや全米ホームスクール協会があり、ホームスクーラーの数も約二百万人いるといわれています。また日本でも、二〇〇〇（平成十二）年七月に、日本ホームスクール支援協会（HoSA）が東京都渋谷区に発足しました。そこに所属している子どもたちは、主に不登校児であり彼らを救済するための一方法として考えられています。現在、文部科学省は、不登校などの場合は「在宅学習を支援する」方針を打ち出していますが、親が積極的に自宅での教育を選択することは認めていません。ただ企業などでは、今後在宅学習が拡大することを予想し、ホームスクーラー用の教材開発に乗り出しているところも出てきています。このことについて、ＮＰＯ日本ホームスクール支援協会理事長の日野公三氏は次のように述べています。

「『ＮＰＯ日本ホームスクール支援協会』は、日本でのホームスクール実践者に対する支援、ホームスクールの地位の向上、そして社会的認知の向上を目的として、二〇〇〇年に活動をスタートさせました。時間と物理的な場所の拘束を要しない情報化社会においては、自分の頭で考え、未知の課題に取り組める問題解決力の高い人が求められます。均質な人材を生み出してきた学校だけでは多様な学習ニーズを持つ子供たちに対応することは難しい時代に入ったと言えるでしょう。長年にわたって日本の不登校生が減るどころか、割合として増加しているのは学習ニーズの細分化と多様化を示しており、学習の場を学校以外に求める児童生徒も多くなっています。無理な登校刺激により親子ともに心身の不調をかこつ例も後を絶ちません。最近では、集団生活よりも個別対応、個別支援が望まれる発達障害の児童・生徒も増える一方です。また、国内外の教育環境の違いに、アイデンティティと自己肯定感をなくし、海外でも国内でも不登校状態になるケースもあります。二十一世紀は、ホームスクールの時代とも言われ、教育の権利と責任が納税者に認められるという人がいます。その裏付けになったのは、人類最大の産業革命といわれるインターネットの普及です。

ソーシャルメディアともいわれるインターネットが持つ膨大な知的資源を元に、保護者同士の交換経済、贈与経済がこれまでの貨幣経済を凌駕《りょうが》してきたのです。アメリカではホームスクール実践者の数は学齢児童生徒全体の五％である二百万人を越えており、ホームスクールが全州で法制化され、学校と同じように学習の場として認められております。教育基本法第十条でうたわれた、「保護者の家庭教育の責任」を放棄する事なく、わが子の学習を、地域と社会のさまざまな構成員の協力と交流により力強く進めてまいります。そして『日本にはホームスクールが必要です！』と胸を張って言える社会を目指して実践を積んでまいります。[7]」

在宅学習の効果としては、次のような点が考えられます。第一は、在宅学習はカリキュラムの多様性を促進し、学習方法の選択肢を広げることで、いじめや不登校問題の改善に役立つという点です。第二は、子どもの学習意欲や学力向上に効果を上げるという点です。実際アメリカでは、在宅学習者の学力が伸びているというデータも出ています。第三は、親子関係の親密化による少年犯罪防止などに効果があるという点です。

しかし一方で、次のような課題があることも事実です。第一は、社会性の育成に関する問題です。つまり、学校での集団生活を経験しない子どもたちは果たして社会性が育成されるのかという批判がありま す。第二は、偏った学習の問題です。そして第三は、公教育における経済的格差の問題です。特に最後の問題は、今後在宅学習を考える上で大きな課題であるといえます。

3　日本の学校改革

近年、日本においても、子どもたちの学びの多様性を目的として公立の学校改革が進められてきています。そのいくつかを紹介してみましょう。

(1) コミュニティスクール（地域運営学校）

日本でも、子ども一人一人の適性や能力との関係から単線型の中にいかに多様性を組織するかという課題が現在重要になってきています。

すでに外国では、例えば校舎の構造そのものをかえるオープンスクール（open school）や企画化された学校組織を否定する無学年制学校（non-graded school）、あるいは先に紹介した公立学校体系の枠内で多様なタイプをつくりだすアメリカのチャータースクールに代表されるオルタナティブスクール（alternative school）などの運動が早くから活発ですが、現在日本でもその動向が顕著に見られるようになりました。

特に、単線型の中にいかに多様性を組織するかという課題に対しては、現在いくつかの具体的な実践が見られます。その一つは、二〇〇四（平成十六）年に改正地方教育行政法が施行されて制度化されたコミュニティスクールです。この学校運営協議会制度の趣旨として文科省は、「地域の住民や保護者等が一定の権限を持って学校運営に参画する合議制の機関として学校運営協議会を設置する」としています。コミュニティスクールでは、校長が地域住民で構成する学校運営協議会に対し教育課程の編成などに関する方針を示して承認を得なければなりません。このような基本的な仕組みは維持しながら、コミュニティスクールは年々増加しています。この法律が施行となった二〇〇四年、全国で初めて東京都足立区教育委員会が区立五反野小学校を指定したのを皮切りに四校が、翌二〇〇五年四月には十三校が学校運営協議会を設けています。二〇一〇（平成二二）年には、指定校がある自治体の教育長らで構成する全国協議会が発足しています。そして、二〇一一（平成二四）年には指定校が千校を突破しました。

こうした動きの一方で、同制度を変更する自治体も出てきています。たとえば、この学校運営協議会には教職員人事に関する意見を教育委員会に出せる権限があるが、それが具体的に実現しないことや、学校運営協議会の委員が確保できないこと、また積極的な変更としては生徒を交えた学校作りに置くために変更したという学校もあります。

コミュニティスクールの長所としては、保護者や地域住民が一定の権限と責任を持って学校運営に参画し、地域に信頼される学校づくりを目指すことができるという点です。一方短所としては、学校運営方針の承認に時間がかかる、責任の所在が不明確になる懸念がある、人材や経費が不足する恐れがある、協議会に参画する住民が偏ったり形骸化するおそれがあるなどです。

(2) 義務教育学校

二〇一五（平成二七）年三月、政府は小学校と中学校の義務教育九年間を弾力的に運用できる小中一貫教育を制度化する学教法の改正案を閣議決定しました。新たな学校種である一貫校の名称を「義務教育学校」とし、現行の小・中学校などと同じ一条校に位置付けました（二〇一六年四月一日の施行）。義務教育学校は国公私立いずれも設置可能であり、市区町村には、公立小・中学校の設置義務がありますが、義務教育学校設置によりその設置義務は履行されるとしました。課程区分は原則、前期六年（前期課程）、後期三年（後期課程）ですが、「四－三－二」「五－四」「四－五」など、児童生徒の実情などに合わせて自由に区切ることができます。

カリキュラムは、教育課程の特例を活用し、地域や児童生徒の実態を踏まえた独自の教科を設けることが可能です。校長は一人、教頭は三人（副校長一人、教頭二人の場合もある）置くことができ、また教員は小・中の両免許が必要ですが、経過措置として当面は、小学校免許で小学校課程を、中学校免許で中学校課程をそれぞれ指導可能としました。市区町村立の義務教育学校の教職員給与は、国庫負担の対象としました。ただし、配置する人数は都道府県教委が決定するとしています。施設整備については、施設費国庫負担・補助の対象とし、小・中学校と同様に、義務教育学校施設の新築や増築に関する経費の二分の一を国が負担します。施設は、一体型、分離型ともに可能としました。また文科省は、施設分離型で、校長と教職員を学校種でそれぞれ置く「小中一貫型小学校・中学校（仮称）」については、名称を含めて省令で規定する方針を決めました。

同省によれば、国公立の現行の小中一貫教育校（施設一体型、隣接型、分離型）は、二〇一五年五月時点で、全市区町村の十二％にあたる二一一の自治体で、一一三〇組（小・中学校三四二一校）が設置されています。

(3) 日本型チャータースクール（公設民営学校）

二〇一三（平成二五）年公立学校の運営を民間にゆだねる日本初の「公設民営学校」が国会で成立し実現に向けて動き出しました。「公設民営」は私立と違い、自治体が委託料を払って公立学校の運営を民間の塾や予備校、企業、ＮＰＯ法人などに委託する、いわば「公教育の民間開放」で、先に紹介したアメリカのチャータースクールと類似しているものです。類似しているといいましたのは、日本の場合はエリート養成が主な目的となっているということです。民間側は、自前で土地や建物を用意する必要がなく、公金で独自にスタッフを集めて自由な内容の教育が可能です。保護者にとっては、公立と同じ水準の安い学費で多様な教育サービスを受けられるメリットがあります。ただし、エリート養成のためだけに設立されるという点については、賛否両論あるといわなければなりません。

(4) 学校選択制

学校選択は、本来親が保護する子どもに対して有する教育権を構成する自由権であり、学校選択制度とは、すなわちそうした権利に基づいて保護者が希望に応じてわが子の就学する学校を自由に選ぶことができる制度です。いいかえれば、指定された通学区域から保護者や子どもが入学したい小・中学校を選べる制度です。

日本の場合、こうした制度の導入の動向が見られた背景として、次のような点が考えられます。すなわち、旧文部省が一九九六（平成八）年十二月に行政改革推進委員会において出された「規制緩和の推進に関する意見」により、規制緩和の一環で公立校の通学区域制の弾力化が図られたこと。さらに、二〇〇〇（平成十二）年十二月の「教育改革国民会議報告―教育を変える十七の提言」の中の地域の信頼に応える学校づくりの推進において、外部評価の導入とともに「通学区域の一層の弾力化を含め、学校選択の幅を広げる」という内容が提言されたことがあげられます。これらの提言により、各都道府県や各市町村において学校選択制を導入するという動きがしだいに見られてきました。

では、学校選択制にはどのようなねらいや効果が考えられるでしょうか。それには、次のようないくつかの点が挙げられます。第一は、学ぶ側における学校選択の機会の拡大が図られるという点です。第二は、保護者が主体的に選択した学校であるために、学校に対するこれまで以上の積極的協力あるいは参加（参画）が期待できるという点です。第三は、こうしたことから特色ある学校づくりの推進が期待できる点です。そして第四は、学校の活性化による学校教育の質的向上が図られるという点です。

外国では、すでにオルタナティブスクールやチャータースクールなどによる学校を自由に選択できる制度が存在しますが、日本では、二〇〇〇（平成十二）年に東京都品川区が初めて導入して以降、たとえば東京都の場合では、二〇一四（平成二六）年度現在で、学校選択制は、小学校が五区一市、中学校が十六区六市で自由選択制を実施しています。

現在、この学校選択制について、次のような課題が指摘されています。第一は、特定の学校に希望者が集中した場合どうするかという問題です。第二は、地域内で学校の序列化が進むのではないかという問題です。そして第三は、学校選択制それ自体が地域に根ざした学校の推進（コミュニティスクールなど）という理念と相反するのではないかという問題です。現実に、学校選択制の広がりを疑問視する観方も市町村レベルで新たに生まれつつあり、二〇〇八（平成二十）年九月には江東区教育委員会が、学校選択制による地域コミュニティの崩壊を防止するという観点から、小学校における学校選択制を二〇〇九（平成二一）年度より選択範囲を「徒歩圏に限る」と変更しました（中学校は従来どおり）。また、前橋市も二〇一一（平成二三）年度から小中学校の学校選択制を廃止することとなり、長崎市も二〇一二（平成二四）年度から制度が縮小されました。今後は、こうした課題を克服していくことが重要です。

(5) フリースクール

フリースクールという言葉は、きわめて多義性をもつ言葉です。一般には、従来の公教育のさまざまな規制にとらわれず、子どもの学びの要求を可能な限り尊重しながら独自の方針に従って運営している学習機関の総称です。

フリースクールの登場の背景には、一般に、画一主義、教師中心主義、書物中心主義、管理主義などの特徴をもつ従来の学校教育への疑問や反発があります。歴史的には、イギリスの教育家ニイル（一八八三～一九七三）が、「自分自身の生活をする自由」をモットーとして自由教育の意義を唱えながら一九二五年に創設した寄宿舎制のサマーヒルスクールが有名です。このニイルの思想と実践は、特に一九六〇年代後半から七〇年代に、従来の学校教育に代わる新しい教育のあり方を求めて展開されたイギリスやアメリカにおけるフリースクール運動に大きな影響を与えました。

フリースクールには、次のようないくつかの特徴があります。第一は子どもの自由や好奇心、想像力などを最大限に尊重する点であり、第二は子どもたちの生活経験を重視する点であり、第三は子どもたちが自分で学ぶことを自主選択するという点であり、そして第四は子どもたちの学習内容を総合的な関係性の中で考えており、カリキュラムが柔軟である点です。

近年、日本では、不登校児やＬＤ（Learning Disorders）やＡＤＨＤ（Attention Deficit Hyperactivity Disorder）といった特別支援教育を必要とする子どもたちの増加に伴い、そうした子どもたちのための要求に応えるフリースクールが多く存在してきています。そこでは、一般的に子どもの居場所づくりや自信の回復の場、安心して生活し学べる場としてのさまざまな工夫がなされています。文部科学省も、先のような事情からフリースクールへの関心が持たれるようになり、一定の要件を満たすフリースクールに通う子どもたちの出席日数を義務教育において必要とされる日数として認めたり、通学定期券乗車制度の適用ができるような措置を講じています。

今日、学習者の多様なニーズに応えていくためには、多様な学習機関が必要になることはいうまでもありません。その意味では、こうしたフリースクールも一定の条件を満たしながら社会的に認められていく必要があります。それにより、学習者の学校選択の幅もおのずと拡大していくことにもなります。また、課題としては、フリースクールの場合、自由や個性を最大限に尊重するわけですが、それらが過度に強調されることにより、ややもすると放任的となり個人主義的となり、社会性や協同性といった問題が考えられます。しかし、学校でのいじめ問題などで悩んでいる子どもたちのいわば避難所や学びと生活の場の確保という意味では、今後重要な役割を担ってくることも考えられます。

フリースクール全国ネットワーク（東京都）によると、フリースクールは全国に約四百～五百ありますが、規模は十人程度から百人を越えるものまで様々です。文部科学省では、児童生徒の学校復帰や社会参加で実績を上げているなど一定の基準を満たしたフリースクールに通っている場合、出席扱いとしたり、フリースクールに通う児童生徒に対して必要な費用を補助する仕組みも検討されており、二〇一四（平成二六）年度に制度化する方向で動いています。現在、出席扱いとするかは、在籍する小中学校の校長の裁量に委ねられています。なお、文科省の調査によると、二〇一二（平成二四）年度、フリースクールなどで学んだ小学生は五〇三人、中学生は一一七九人いましたが、出席扱いの措置が取られたのは小学生一三八人で中学生が五四九人にとどまっています。

【注】

1　細谷敏夫他編『新教育学大事典』（第一巻）第一法規出版、一九九〇年、四八七〜四九一頁参照。
2　村井実『教育する学校』玉川大学出版部、十〜十二頁参照。
3　ジョー・ネイサン／大沼安史訳『チャータースクール』一光社、一九九七年、十六〜二一頁参照。
4　チェスター・E・フィンJr.他／高野良一監訳『チャータースクールの胎動』青木書店、二〇〇一年、十九頁参照。
5　金子郁容『コミュニティ・スクール構想』岩波書店、二〇〇〇年、一三六頁。
6　前掲『チャータースクール』、四十〜四六頁参照。
7　日本ホームスクール支援協会ホームページ http://www.homeschool.ne.jp/

［参考文献］

マラリー・メイベリー他著／秦明夫・山田達雄訳『ホームスクールの時代』東信堂、一九九七年。

リンダ・ドブソン著／相沢恭子・平山由美子訳『たのしいホームスクール』現代人文社、二〇〇〇年。

矢武武「「ホームスクール」は不登校を救う」（『潮』二〇〇一年所収）、一一二～一一九頁。

『AERA』朝日新聞社、二〇〇一年十二月十日。五七～五八頁。

山崎英則・片上宗二『教育用語辞典』ミネルヴァ書房、二〇〇三年。

苅谷剛彦『階層化日本と教育危機』有信堂、二〇〇二年。

苅谷剛彦『教育改革の幻想』ちくま新書、二〇〇四年。

21世紀教育研究所編『もうひとつの学校案内』主婦の友社、二〇〇一年。

鳥山敏子『賢治の学校』サンマーク出版、一九九六年。

奥地圭子『学校は必要か』日本放送出版協会、一九九二年。

奥地圭子『フリースクールが「教育」を変える』東京シューレ出版、二〇一五年。

調べてみよう

◇
① アメリカのチャータースクールとホームスクールの現状と課題について調べてみよう。
② 日本のコミュニティスクール・義務教育学校の動向について調べてみよう。
③ フリースクールの現状と課題について調べてみよう。

第七章　開かれた教育体制をめざして

1　生涯学習による教育体制の構築

(1)「学校式教育」の問題

国家の統制の下に、近代以降計画的、組織的に設けられた学校を「近代学校」と呼び、そこでの教育をここでは「学校式教育」と呼ぶことにします。こうした私たちが学んできた従来の学校式教育というものを、今一度振り返ってみるとき、私たちが学校で学ぶということについて、多くの人たちは知らず知らずのうちに次のような「特定の」前提条件を受け入れてきたといえます。

・特定の場所で（学校という空間の中で）
・特定の時間に（一生の間に教育を受ける時期、その一年間の登校日、その中で学期ごとのスケジュール、一

日のスケジュールが決められている）
・特定の内容を（文部科学省が定めたカリキュラムにそって）
・特定の入学条件の者が（一定の年齢の者が、公立学校では居住制限など）
・特定の人物から（法律で定められた免許をもっている者から）

学校が唯一絶対の場所（聖域）として考えられてきたこうした学校式教育を、何とか改革しようという時代的・社会的要請を受けて、わが国でも一九八〇年代の終わりの頃から、しだいに「生涯学習」が注目されるようになりました。「生涯学習」ということを一口にいうならば、一生涯のあらゆるステージにおいて、そしてあらゆる場所において、個々人が自分の学びを実現して人生をより充実させようとする考え方です。言葉をかえれば、「いつでも、どこでも、なんでも、だれでも、だれからでも」学ぶことのできる機会を、官民一体となって社会の中で実現していこうというものです。

「いつでも、どこでも、なんでも、だれでも、だれからでも」学ぶことのできる機会を社会の中に設けようという姿勢は、当然ながら、前述の「特定の」前提条件に縛られた学校式教育に風穴をあける可能性を大いに含んでいるといえます。

(2) 生涯学習（教育）の歴史と理念

生涯学習について、まずそれに関する歴史を多少振り返っておきましょう。

一九四九年、デンマークのエルジアでユネスコ主催の第一回世界成人教育会議が開催されました。そこでは、従来の学校教育中心の制度的枠組では、とかくおろそかにされがちな人々（幼児、成人、肢体不自由者、高齢者、主婦、勤労者など）についての教育の機会をどう開拓し保障するかという問題が議論されました。

さらに一九六七年から六八年に、ユネスコ事業計画の中にはじめて「生涯教育（l'education permenante, life-long integrated education）という理念が掲げられるようになりました。その端緒を開いたものが、一九六五年の成人教育推進国際委員会に提案されたポール・ラングラン（P. Lengrand）の論文『生涯教育の展望』です。その中で、氏は次のように論じています。

「今までは、初等・中等・大学教育の基本目標は、生涯を二つの全く別個の部分、すなわち、準備および訓練の期間と、それに続く活動の期間とに、きっぱりと分けることができるという伝統的な見解に基づいてたてられてきた。（中略）人の生涯がきちんと二つの部分にわけて考えられてきたので、教育の目的は、やがて大人になる人びとのために、将来の人生において果たすことを要求されるであろう種々の役割に必要な資質・能力をあたえることであった。その結果、教育制度は全体として、生徒にあらゆる種類の事実をつめこむように策定され、生徒たちは、満足な生活をおくるために、その蓄積された資本をできるだけうまくひきだすことを期待された。しかしながらこれに反して、人間がもしも生涯を通じて学習したり自己教育を続けたりすることができるだけでなく、そうすべきであるとするならば、子どものときにその頭脳に過重な負担をかける理由はなくなってくる。このような展望にたって考えてみると、学校の役割というものは完全に変化することになる。まず第一に、学校は本当の教育が効果的に行われるように、できるだけの貢献をすべきである。そうした真の教育は、生涯教育という調和のとれた体系ができあがって、ひとりひとりの人が、学校や大学を卒業した後に自分自身の教育に着手して、学習と訓練を続けようという動機をもつにいたった時に、はじめて発足することになるのである。[1]」

この内容からもわかるとおり、ここには教育上における人生観・人間観・学習観、そして教育観などの意識の転換がうかがえます。それをまとめれば次のようになります。

【人生観の転換】

・従来の、学校における「準備期間」と社会における「活動期間」という人間の生涯を単純に二つに区分する考え方から、「人間の生涯は、どの段階においても充実して過ごされるべきであり、また、一連の新しい体験を通してしだいに自分自身を知るためにも、それぞれの段階の楽しみと満足とに、何ほどかのものを付け加えるべきである」というように人間の生涯を「連続的な生涯」として考えるようになる。

【人間観の転換】

・ある一定期間「学ぶ」存在から、一生涯「学びつづける」存在として認識する。

【学習観の転換】

・従来の「限られた人々」だけが、「限られた年齢」の時期に、「限られた知識」を、「あらかじめ定められた順序や形式」を踏んで学習させられる（学校中心主義）のに対して、「すべての人々」が「どの年齢にあっても」、「よく生きるための必要に応じて」、「境遇にふさわしい順序や形式」で学習する。（学習者中心主義）

・従来の特定の知識・技術などを「教える（教え込む）」という考え方から、一人一人の学習を「援助する」という考え方に変わる。

【教育観の転換】

また、生涯教育の概念には、教育の再統合を図る新しい理念が含まれています。これを象徴する言葉が「integrated（統合）」です。この「統合」という言葉には、次の二つの意味があります。第一は、人が生まれてから死ぬまで、人生の各段階に相応しい学習の機会が、継続的に確保されるように統合されるという「life time」からの統合です。第二は、学習の機会が、学校だけでなく、家庭・職場・地域社会など生活のあらゆる場で確保されるよう統合される「life wide」からの統合です。すなわち、「integrated（統合）」とは、こうした「life time」と「life wide」の横と縦の両軸が構築されていくところに生涯教育（学習）の最も新しい視点があるといわなければなりません。すなわち、前者の「life time」は、人間のライフサイクルのどのステージでも学習が保証されていなければならないということであり、後者の「life wide」は、そうした学習者が学べる場を多様に設定していかなければならないということです。既存の学校も、単に決められた年齢の人間だけが学ぶ場ということではなく、むしろ誰もが学ぶことができる、いわば地域の生涯学習センターとしての役割も担っていく必要があるということです。

(3) リカレント教育

生涯学習による教育体制の構築でもう一つ重要な点は、職業に就いている人たちの学び直しができるということです。この点について、ラングランは先の論文の中で次のようにも論じています。

「ただ、ある時点で、しかるべき理由に基づいて選抜をしなければならないといっても、それが普通教育に対する反動であってはならない。さらに、選抜のあとで、すぐに一つの職業につくための資格を得て或る仕事についている人が、他の職業に移るための学習コースに参加して、ある職業にかかわることのできるような制度をつくりあげることも可能であろう。[2]」（傍点引用者）

「他の職業に移るための学習コースに参加して、或る職業にかかわることのできるような制度」とは、いわゆるリカレント教育（recurrent education）と呼ばれているものです。リカレント教育の特徴は、すべての人を対象とする、義務教育または基礎教育の終了後の総合的な生涯教育戦略として、人々が生涯にわたって教育と他の諸活動（労働や奉仕や余暇活動など）を交互に行なう教育システムです。英語のリカレントという単語は「繰り返す」「循環する」を意味し、したがって「リカレント・エデュケーション」のことを「循環教育」「環流教育」「回帰教育」などと呼ばれますが、現在は一般に「リカレント教育」という用語が使用されています。すなわち、その意図は、教育と他の諸活動を交互に行なうことにより、教育としての組織的な学習経験と他の諸活動に付随する非組織的な学習経験との間の有効な相互作用を組織化し、生涯学習を組織的に援助するシステムを具体化することにあります。

リカレント・エデュケーションの概念の提唱者はスウェーデンの経済学者レーン（Rehn-Meidner）で、スウェーデンはこの概念を公式化した国の一つです。一九七〇年、OECD（経済協力開発機構）がこの概念を教育政策会議で最初に取り上げ、その後広まりました。現在同国では、一端職業に就いても、「成人学校」と呼ばれる学修機関で職業を変えるために学ぶことができるシステムが整っているのです。

なおわが国では、現在、リカレント教育の一環として、主として大学院レベルで、高度で、専門的な職業人の再教育をめざすさまざまな「リフレッシュ教育」というものが登場してきています。

リカレント教育の今後の課題としては、①個人が生涯にわたって利用できる教育の機会を拡充・整備すること、②社会の労働条件や雇用関係において教育活動への反復的な参加が認められること、③上記の②を援助すると同時に、生涯のどの時期の教育評価であっても、等しく評価する社会的慣行を確立することと、これら三つが一体となって推進されなければなりません。

2　連携による教育体制の構築

(1)　対話による目的の共有化・実践化

①究極の目的は子どもたちの健やかな成長

二〇〇四（平成十六）年六月一日午後、長崎県佐世保市の市立小学校で、六年生の女子児童が同級生の女児にカッターナイフで切り付けられて死亡した事件が起きました。小学生の女子児童による殺人事件でかつ学校が舞台であり、世間に大きな衝撃と波紋を広げました。事件直後、さまざまな専門家や評論家がそれぞれ事件の原因について論じていました。たとえば、教育評論家は学校の管理運営や家庭教育の問題であるといい、心理学者は人間関係におけるストレスや欲求不満の問題であると指摘し、また脳神経学者は脳の前頭前野の働きの低下による自己抑制力欠如の問題であると述べ、さらに法律学者は未成年の法的刑罰の軽重の問題に言及していました。もちろん、こうしたさまざまな角度からの問題点の指摘および原因究明は重要であることはいうまでもありません。しかし、実際多くの学校現場ではこうした専門家の解決策が出されるのを待っていられない現状があることも事実です。つまり、常に子どもたちと向き合っている現実的状況があるということです。ややもすると学校現場自体も、行政からの〝支持待ち〟的となり、行政主導となり、学校関係者や保護者などによる主体的活動が消極的になるおそれがあります。子どもたちの学びと生活に責任をもって直接関わっている先生たちと保護者が、まず率先して手を携えていくことが何よりも大切なことです。

保護者にしろ教職員にしろ、究極の目的は〝子どもたちの健やかな成長――よく生きていけること――〟この一点に尽きるはずです。村井実は『教育学入門（上）』の冒頭で「わが子をよくしようと思わない親はいない。若者たちが善く育つことを願わないおとなはいない。[3]」と書いています。まさにこの点では異論がないはずです。

一般に、建前では、学校側は子どもたちの家庭での教育についての考え方や実態を理解して指導・援助に生かすといい、保護者側は保護者の考えや要望を学校に伝えるとともに、学校側の指導方針を理解してそれに協力するということになっています。つまり、互いに「理解」していこうということは唱えられており、それ自体お互い頭の中ではわかっているといってよいでしょう。しかし、相互に遠慮しあったり、気兼ねしあったり、ときには誤解が誤解を呼んで相互理解が困難になったりと、いつのまにか互いに理解し合っていくことは理想であるとあきらめて何も改善されていかないという学校が少なくないのではないかと思います。一端何か事件でも起こることによって、真剣に考えるというケースが多いのが現状です。筆者は、こうしたいわば形式的な連携ではなく、実質的な連携を真剣に各学校において機能させていく必要があると考えます。今大切なことは、学校と家庭の連携を密にして、さらに地域も加えて、日頃からの緊密なコミュニケーションがもてる場を設け、目的の共有化と実践化を図っていくことが重要であるということです。

②宇都宮大学教育学部附属小学校・「響（ひびき）・プロジェクト」の実践

筆者は、二〇〇二（平成十四）年四月から二〇〇五（平成十七）年三月まで宇都宮大学教育学部附属小学校の校長を兼任していました。二年目から、とくに保護者と教職員とが率直に話し合える場を設け、目的を共有化しそれを実践していくプロジェクトを立ち上げました。モットーとしては「開かれた学校づくりを目指して、保護者と教職員の心が響き合い、地域や日本全国に本校のよさを響きわたらせる」といった大前提となる大きな目標を掲げ、名称も「響・プロジェクト」としました。本校の場合は、教務主任が実務上の責任者としてすすめていきました。保護者の参加者を学校通信によって公募したところ、予想を遙かに超え三十名以上が応募してくれました。多く集まったために、四つの分科会――①心の教育　②しつけ　③学び　④交通安全――を結成し、それぞれがミーティングをもち独自の具体案を提示して実践していくことになりました。たとえば、心の教育では、あいさつがあまりできていない子どもが見られたので、それをとにかく単年度で実施していこうということになりました。また、教室の美化においても、単に保護者と子どもと教職員が一緒に清掃することなどさまざまな案が出され実施していきました。また、安全面では、通学の安全はもちろん、不審者や災害などの情報をいち早く保護者に伝えるべきではないかということが提案され、メールアドレス登録による緊急連絡なども実施されることになりました。

このように実践していきながら明らかになってきたことは、学校だけではまかないきれない問題が実に多いということです。学校で情報モラル教育をどれだけ実施しても、家庭の協力などがなければ不可能であり、食育の場合でも、現在「朝食抜き」や「孤食」など子どもたちの食生活の乱れが指摘されている中、学校では給食や家庭科や体育、総合的な学習の時間を中心にさまざまな学習援助を行なっていますが、家庭の協力がなければ目的達成は難しいといわなければなりません。これ以外にも金銭教育や安全教育など実質的な連携をもって取り組まなければならない問題が数多く生じてきています。

今後開かれた学校づくりを実現していくためには、こうした対話による実質的な連携が積極的に展開されてこなければならないと考えます。学力テストで以前世界一といわれていた北欧フィンランドの場合でも、保護者を直接学校運営に参加させています。たとえば、新学期（九月）に親を招き授業内容の懇談会を開催しています。同国では、学校法（義務教育）により、親と学校との関係は「親は学校の運営計画に参加する権利がある」「学校は進んで親と協力する義務がある」と規定されており、今後わが国においても、一層の実質的連携が必要でしょう。

では次に、現代の子どもたちをめぐるさまざまな教育問題における連携体制のあり方について、具体的に考えてみたいと思います。

(2) 病弱教育における連携体制～院内学級を中心に～

①「病弱（児）」と「病弱教育」の意味

まず病弱教育における連携体制について考えてみましょう。病弱教育という名称はあまり聞き慣れないかもしれません。「病弱（児）」とは、病気が長期にわたるかその見込みのもので、その間、医療または生活規制が必要なものです。疾患による場合が病弱ですが、虚弱との区別は明らかではありません。対象児の病気の種類は多岐にわたっており、呼吸器、腎臓、神経、筋疾患などが多いといわれます。近年、医療の進歩にともない種類が変化してきており、心身症や悪性新生物（白血病など）などの増加傾向が見られます。教育面では、病弱児は、治療などによる学習空白によって学習の遅れや学業不振となることが多いです。したがって「病弱教育」とは、そうした児童生徒の治療などによる学習空白によって学習の遅れや学業不振などを補い、学力を補償するうえで、重要な意義をもつわけですが、単にそれだけではなく、社会性や病気に対する自己管理能力の育成、心の健康、快復力を高め再発率を低下させる治療上の効果などがあるといわれています。[4]

では、ここではとくに病弱教育の中で院内学級について考えてみましょう。

②「院内学級」における学びの援助

まず「院内学級」とは、長期入院中の子どもたちに教育を受けさせるため、病院内に設置された学級の通称であり、その目的は先述のとおり退院した子どもたちが復学したとき、授業に遅れないようにすることが本来の目的です。カリキュラムは、基本的にそれぞれの子どもたちの出身校に合わせるため、授業内容は子ども一人一人異なります。

ところで、院内学級には大きく二つの種類があります。一つは、特別支援学校教員が病院内に常駐する分教室の場合であり、もう一つは小中学校が近くにある病院にもつ訪問教育学級です。では、それぞれの具体的な事例をいくつか紹介してみましょう。

まず、特別支援学校教員が病院内に常駐する分教室の場合として、ここでは二〇〇四（平成十六）年に「電池が切れるまで」というテレビドラマにもなった長野県立こども病院を紹介したいと思います。

(a) 長野県立こども病院

同病院は、一九九三（平成五）年五月二十八日に開院した短期療養型の先端医療小児病院です。敷地面積は五〇一五八平方メートルあり、小児科、小児外科、形成外科、心臓血管外科、産科、リハビリテーション科など十五の診療科があります。医師五十四人と看護師二〇一人がおり、ベッドも二百床あります。入院患者の多くは、白血病や心臓病などの難病に苦しむ子どもたちであり、全国でも有数の子ども病院として知られています。

同病院に院内学級が開設された状況について、元新聞記者であった宮本雅史は『「電池が切れるまで」の仲間たち』（角川書店、二〇〇三年）の中で次のように説明しています。

「院内学級ができたのは平成七年四月。わずか四畳半（十五平方メートル）ほどの小さな部屋だった。病院からカンファレンスや学習用の部屋を昼間だけ借り、入口に「学習室」と書いた看板を出して教室として使っていた。教室には、会議用の大机がふたつと、書棚がひとつ。それに流し台付きの簡易調理セットと、ホワイトボードが一枚あるだけだった。いすはスペースをとらないように、丸いすを使った。それでも、こどもが八人も入れば身動きができなくなってしまう。（中略）平成七年五月十日、こども病院の院長や血液・腫瘍科の石井先生、それに豊科町教育委員会など院内学級の関係者が集まって院内学級の開設式が行われた。」

当然ながら、子どもたちの学びにおいてもさまざまな制約が出てきます。たとえば、理科の観察は、植物による細菌やカビなどから実際の観察はできないことや、病院から外に出ることができないために社会科の社会見学や社会体験活動ができないなどです。そうした制約はあるものの、その場では、子どもたちの命への慈しみをもちながらさまざまな人々による連携がなされているのです。それは、宮本氏の次の内容からもその一端がうかがえます。

「こどもたちが院内学級に入るときは、必ず環境調査票を作成する。こどもの病状や、院内学級で気をつけてほしいこと、教育上、注意してほしいことなどを医師や親が記入する。また、（院内学級の先生たちは）看護師からこどもたちのその日の病状を書いた書類を受け取り、授業がはじまるまでに目を通す。すべてのこどもたちの病状を頭に入れて、こどもたちが教室に来るのを待つのである。[6]」

ここには、医師、看護師、教師、親のいわば命の連携が行なわれているといえます。

そうした温かな連携の中から、次に紹介するテレビドラマのきっかけともなった宮越由貴奈ちゃん（小学四年）の「命（いのち）」という詩が生まれてきたのでしょう。

命はとても大切だ
人間が生きるための電池みたいだ
でも電池はいつかはなくなる
電池はすぐにとりかえられるけど
命はそう簡単にはとりかえられない
何年も何年も
月日がたってやっと
神様から与えられるものだ

命がないと人間は生きられない
でも
「命なんかいらない。」と言って
命をむだにする人もいる
まだたくさん命がつかえるのに
そんな人を見ると悲しくなる
命は休むことなく働いているのに
だから、私は命がつかれたと言うまで
せいいっぱい生きよう[7]

なお現在、長野県立こども病院のホームページでは、次のように案内が掲示されています。(http://nagano-child.jp/?cat=57)

「こども病院の治療を受けながら勉強のできる小さな学校です。退院すれば元の学校に戻るわけですから住所変更はしないままで転校手続きをします。

算数・数学や国語、中学の英語などの学習を中心に勉強しています。また、体調面や施設面の制約もありますが、社会や理科の勉強もできるだけ進めています。更に音楽、図工・美術等の教科の学習も進めています。学習ボランティアさん達も横に寄り添って応援してくれます。

この院内学級へは転校ばかりでなく、入学も卒業もできます。進級ももちろんできます。ここから高校等への進学も可能です。

日課表

9：00頃　院内学級が開きます。（この時間は病棟で診察を受けます。）

9：40〜10：25　一時間目

10：25〜10：35　朝の会（小中合同です。）

10：35〜11：20　二時間目

11：25〜12：10　三時間目（月曜日の「こどもニュース」（ＮＨＫ）はここで見ます。）

お昼休み……病棟へ戻って食事をします。

13：45〜14：30　四時間目　講師ボランティアさんの授業の多くがここに入ります。

14：30〜14：40　学活

14：40〜15：25　五時間目

訪室指導　院内学級へは登校できない人でも、勉強できる状態であれば、先生方が訪室指導を行います。

指導の先生　先生は四名います。基本的には院内学級の教室では常時二名の先生が、小中の教室に分かれて指導しています。あとの二名の先生は訪室指導をします。院内学級の教室への登校患児が増えれば、教室指導の先生を増やすなどして、毎日の様子にあわせて指導を行っています。また、退院した患児には原籍校への復帰までの間、外来登校や訪問支援事業の紹介、その他の対応もしています。」

(b) 長浜市立長浜小学校（あじさい学級）

滋賀県教育委員会では、現在「病弱教育巡回訪問指導教員派遣事業」を積極的に実施しています。その主旨および対象は以下の通りです。

「病院等の理解と協力を得て、在籍校および保護者との連携の下に、訪問指導教員を派遣し、学習等の補完をはじめ、心理的な安定が図られるよう指導等を行います。訪問指導終了後は、訪問教育の内容を在籍校に報告し、退院後の学校生活が円滑に行われるように配慮します。」

「病弱養護学校が併設されていない病院および院内学級が未設置の病院に入院しており、主治医が学習可能と判断する小学校・中学校の児童生徒を対象とします。[8]」

申し込み方法は、指定の申込書があり、それに必要事項を記入し保護者が学校に提出し、提出後数日で派遣されてくることになります。

あじさい学級は、一九八七（昭和六二）年四月に、長浜市教育委員会が病院で入院加療中の児童を対象にした病弱・身体虚弱学級を、長浜市立病院内に開設したものです。本学級は、同病院で入院加療が必要な小学生で、医師から集団学習上支障がないと判断された児童を対象に長浜小学校に転入手続きをし、学習を行なっています。その教育方針として三点掲げられています。

・前籍校・病院・家庭との連携を密にし、一人一人の個性や能力を的確に把握し、病状や心理状態を考慮しながら、個に応じた指導をします。
・病気治療を意識させながら、病気を克服する強い意志力と望ましい生活態度を育てます。
・多くの人々との関わりの中から、自他を尊重し、共にいたわり合い、明るく思いやりのある子どもに育てます。

さらに教育内容および日課は、大きく登校学習とベッド上学習とに分かれています。前者は、主治医の許可を受け、あじさい学級に登校し通常の学級と同じ内容を学習し、とくにコンピュータや衛星放送を活用し、個に応じた学習を実施しています。後者は、病室での学習が可能と医師により許可を受けた児童が教師の訪問を受けてベッド上で学習します。日課表は下記のとおりです。

日課表

	【病室】	【教室】
6：00〜7：00	起床・着替え・洗面	
7：00〜9：00	朝食・薬・検温・安静	
9：00〜9：15	病棟連絡	
		朝の会
9：15〜10：00	ベッド学習1	学習1
10：05〜10：50	ベッド学習2	学習2
11：00〜11：45	ベッド学習3	学習3
11：45〜13：00	昼食・休憩・回診	
13：00〜13：45	治療・安静	学習4
13：50〜14：35	治療・安静	学習5
14：40〜15：25	治療・安静	学習6
		帰りの会

教育の内容・日課表

登校学習…主治医の許可を受け、あじさい学級の教室で通常の学級と同じ内容を学習します。授業の時間数も通常の学級とほぼ同じです。体育以外は理科の実験や音楽などの実技を伴う学習も行ないます。すこやかな体の成長をめざして「体の学習」にも取り組んでいます。

ベッド上学習…「学習が可能であるが場所は病室が適切」との主治医の判断を受けた児童は、教師が病室を訪問しベッド上で学習します。[9]

③今後の課題

以上、院内学級を中心に病院と学校との連携のあり方について考えてきましたが、さらに今後改善していかなければならない点があることも事実です。

その一つが、入院していた子どもが再び学校へ復帰するときの問題です。現在日本では、医師や院内学級などの教諭から学校側への医療上の留意点についての伝達、学習面での引き継ぎにとどまっており、ややもすると復学する子どもの精神的不安を軽減したりする十分な配慮が出来ていない場合があります。この点、たとえばアメリカでは「チャイルドライフ・スペシャリスト（Child Life・Specialist, CLS）と呼ばれる専門職があります。

これは、治療や入院生活全般に伴うさまざまなストレスの軽減を退院後まで視野に入れながら実践していく役割です。具体的には、再入学のプログラム計画を立て、子どもが自信をもって学校に戻っていける心の準備をし、さらに学校に同行してクラスメートに直接その事情等を説明と理解してもらうということです。こうしたシステムや専門職の養成が今後わが国でも重要になってくるものと考えます。現在アメリカでは約四千人おり、ほとんどの子ども病棟に配置されており、常に子ども目線で考え、意思を十分に伝えられない子どもと利用者とをつなぐ重要な仕事となっています。一方日本では、二〇一五（平成二七）年の時点でチャイルドライフ・スペシャリストの資格をアメリカで取得して帰国した人などを含めて三六人です。大きな課題の一つとして、チャイルドライフ・スペシャリストは活動に応じて医療機関に支払われる診療報酬の対象にならないということがあり、そのため必要性は感じながらも雇えない病院が多いということです。今後、子ども医療の充実を目指すためにも解決していかなければならない課題であるといえます。[10]

(3) 子ども虐待における連携体制

①子ども虐待の意味・行為類型・発生要因

一般に子ども虐待とは、十八歳未満の子どもに対する、親または親にかわって養育にたずさわる大人等が行う不適切なかかわりで、子どもの心や身体を傷つけたり、健全な成長や発達を損なう行為をいいます。生命の危険のある暴行などに限らず、たとえあざや骨折が生じていなくても、子どもを殴ったり、蹴ったりすることや、明らかに不適切な養育をしたり、言葉による脅かしなどによって、子どもに危険が予測されたり、子どもが苦痛を受けているような場合も含みます。

また、子ども虐待の行為類型としては、一般に大きく四種類に分類されます。すなわち、A 身体的虐待、B性的虐待、Cネグレクト、D心理的虐待です。それぞれの特徴を簡単にまとめれば次のようになります。

A：身体的虐待：子どもの身体に外傷が生じ、又は生じるおそれのある暴行を加えること。例：子どもを殴る、蹴る、投げ落とす、熱湯をかける、首を絞める、溺れさせる、逆さづりにする、タバコの火をつける　など

B：性的虐待：子どもにわいせつな行為をすること、又は子どもにわいせつな行為をさせること。例：父親（実夫、継夫）が娘を対象にする場合　など

C：ネグレクト：子どもの心身の正常な発達を妨げるような著しい減食又は長時間の放置、その他保護者としての監護を著しく怠ること。例：重大な病気になっても病院に連れて行かない、乳幼児を家に残したまま、たびたび外出する、乳幼児を車に放置する、適切な食事を与えない、衣服・下着などを長時間ひどく不潔なままにする　など

D：心理的虐待：子どもに著しい心理的外傷を与える言動を行なうこと。例：言葉による脅かし、無視などの拒否的な態度、兄弟（姉妹）間での著しい差別　など

さらに、虐待の発生要因としては次の五つの点があげられます。第一は、社会からの孤立です。自分の家が生活の中心で、地域から孤立することにより育児・養育不安となる場合です。第二は、夫婦関係の不安定などによる家庭の状況の問題です。それに関して、幼い子どもの前での夫婦げんかも第五の虐待といわれることもあります。第三は、親自身が虐待を受けていた経験があるというような親の生育歴の問題で

す。第四は、子どもの慢性疾患や障害などによる子どもへの拒否的感情などによる子ども自身が要因となる場合です。そして第五は、たとえば兄弟（姉妹）を比較したりし特定の子どもに愛情を注ぐといった親と子どもとの関係の問題です。

二〇一三（平成二十五）年度に、全国に二〇七カ所ある児童相談所が児童虐待の相談や通報を受けて対応した件数は、前年度より七〇六四件多い七万三七六五件であり、一九九〇（平成二）年度に統計を取り始めて以来過去最多を更新しました。また、近年虐待を受けた子どもに兄弟（姉妹）がいた場合、兄弟（姉妹）についても「心理的虐待」として対応するよう指針を改正し、また、親が子どもの目の前で配偶者に暴力を振るう「面前ＤＶ（ドメスティック・バイオレンス）」についても「心理的虐待」として積極的に通告するようになっています。

このように増加しているという子ども虐待を、どのように解決していけばよいのでしょうか。また、教育機関、とりわけ学校はどのような役割を果たしていくべきなのでしょうか。やはり、何よりも諸機関の連携が重要であることは間違いありません。では、具体的にどのような連携体制が必要かについて考えていってみましょう。

②関係機関の連携体制

まず、子ども虐待に直接関連する機関として児童相談所があります。同所は、児童福祉法第十五条により、児童福祉の第一線の専門機関として、都道府県・指定都市に設置されています。同所には、児童福祉士、心理判定員、保育士、医師（精神科、小児科など）などが配置され、ケースワーク機能、判定機能、一時保護機能、措置機能、家庭裁判所への法的申し立てなどの機能や権限を持っています。同所が行なう主な援助としては、相談調査、立ち入り調査、一時保護、施設入所措置、親権喪失の申し立てなどがあります。都道府県は、児童相談所を設置しなければなりません。

しかし、単に児童相談所だけで対応できるわけではないことはいうまでもありません。ではどのような他の機関が関わってくるのでしょうか。

まず福祉事務所です。同所は、生活保護、児童家庭、高齢者、障害者等に関する、地域住民の福祉を図るための総合的な社会福祉行政機関です。同所には、家庭における子どもの健全育成、家庭と児童の福祉を図ることを目的として「家庭児童相談室」が設置され、家庭相談員が配置されています。専門的な心理検査や診断を必要とする場合や子どもの虐待などが疑われる場合には、同所は児童相談所と連携して対応していかなければなりません。

虐待の早期発見という点からすると、教育機関の役割は極めて重要です。保育所・幼稚園・学校は、子どもたちが家庭から離れて集団生活する場であり、子どもが安心して過ごすことのできる所であるとともに、虐待の発見、虐待の防止ができる場としての役割を果たします。保育所や幼稚園は、母親を中心とした親との接点も多く、虐待第一発見者になる場合が多くあります。子どもの虐待を発見した場合は、速やかに、児童相談所や福祉事務所（家庭児童相談室）に相談することが重要です。また学校は、虐待を受けている児童生徒に気づいたときには、担任、養護教諭、スクールカウンセラー等が個別の教育相談を行なうとともに、児童相談所や福祉事務所に相談することが必要です。

同様に、早期発見のために欠かせない機関として医療機関（病院）があります。診療の場では、明らかな虐待や虐待が疑われる事例がしばしば発見されます。虐待が疑われる場合には、児童相談所に通告し、関係機関と協力しながら援助活動を行ないます。病院では、子どもの早期治療を行ない、生命に危険がある場合や症状が重傷な場合は、すぐに入院させます。また、特に生命に危険がない場合でも、在宅では子どもの安全が確保できないと思われるケースには、入院を勧めることがあります。虐待の対応には、医療の専門性に加えて、法律やソーシャルワーク等の専門性も必要でしょう。なお、病院によっては医療相談室が設置されているところもあります。

さらに、虐待を受けた子どもたちを健全に育成していくための環境整備も重要です。中でも児童福祉施設（児童養護施設、乳児院など）の役割は大切です。虐待などにより、子どもが保護者のもとで養育されることが困難なときに、児童相談所は児童福祉施設入所の措置をとり、子どもに生活の場を提供します。児童養護施設や乳児院などは、親のいない子どもを預かる施設というイメージがありますが、最近では親のいる子どもの入所が多くなっています。これは、近年、虐待など家庭環境等の理由から社会的支援が必要な子どもが増加していることを示しています。なお、厚生労働省は、二〇〇六（平成十八）年度から虐待を繰り返す親に対する心理治療の取り組みを開始することを決定し、児童福祉施設に心理治療の担当者を常勤させ、「家族治療」（子どもだけでなく、家族全体で当事者として解決法を探る心理療法）を施して親子関係の修復を図るとしている。具体的には、全国に約千カ所ある施設のうち五二三カ所で家族療法ができるようにするとしています[11]。

こうした機関以外にも、たとえば警察や弁護士会、家庭裁判所なども連携体制の機関として関わってくるでしょう。

警察の場合は、虐待を受けている子どもの保護や、暴行、傷害などの犯罪に該当する虐待事案の捜査を行なうということになります。家庭内で子どもの身の安全が脅かされているような時や、児童福祉施設に対して保護者等が強引な取り引きを要求した場合、連絡を受けた警察はすみやかに援助を行なうことになります。子どもの虐待に関する相談は、都道府県では一般に、警察本部少年課の少年相談電話や、生活安全課（係）で受け付けています。

弁護士会の場合は、とくに子どもの人権を守るうえで、弁護士による法的側面からの積極的な援助が要請されます。弁護士会としても、関係機関と連携し、子どもの虐待に関する啓発活動、救済活動に努めています。親族や児童相談所が虐待をしている親から子どもを守るため、親権喪失の請求や施設入所の承認の申し立てなどを行なう場合、家庭裁判所への手続きに関与するほか、法的助言を行なうといった役割があります。

最後に家庭裁判所です。同所は、家事事件と少年事件を専門に担当する裁判所です。子どもの虐待については、家事事件として、親権を乱用し虐待をしている親に対し、親族や検察官、児童相談所所長からの申し立てにより、親権喪失宣告の審判を行なったり、子どもを児童福祉施設に入所させる承認の判断をします。

以上紹介した機関が個々別々ではなく、各地域においてしっかりとした子ども虐待対策ネットワークをつくりあげていくことが何よりも大切なことです。二〇〇四（平成十六）年度より、児童福祉法の改正に基づき、「子どもの相談」を幅広く受けとめる窓口を児童相談所から市町村に移し、相談所は虐待などの困難なケースを扱う専門機関としました。連携不足による悲劇を防ぐために、市町村や学校、警察、医師会などが共同で対策に当たるネットワーク「地域協議会」を新たに法定化しました。地域で育つ子どもの実態把握と相談対応、必要な調査、指導を市町村の責務と明記したことは意義深いと思います。相談所は、その後方支援に当たるほか、子どもの保護や医学的、心理的ケアを必要とする深刻なケースを扱うよう分担します。今後子どもの虐待を未然に防ぐ方策や早期発見のための方策などをさまざまな機関の実質的な連携のもとで構築していくことは緊急の課題といってよいでしょう。

(4) いじめ問題に対する連携体制

日本のいじめは、特に一九八五（昭和六十）年頃から陰湿化した校内暴力などにより社会問題となってきました。

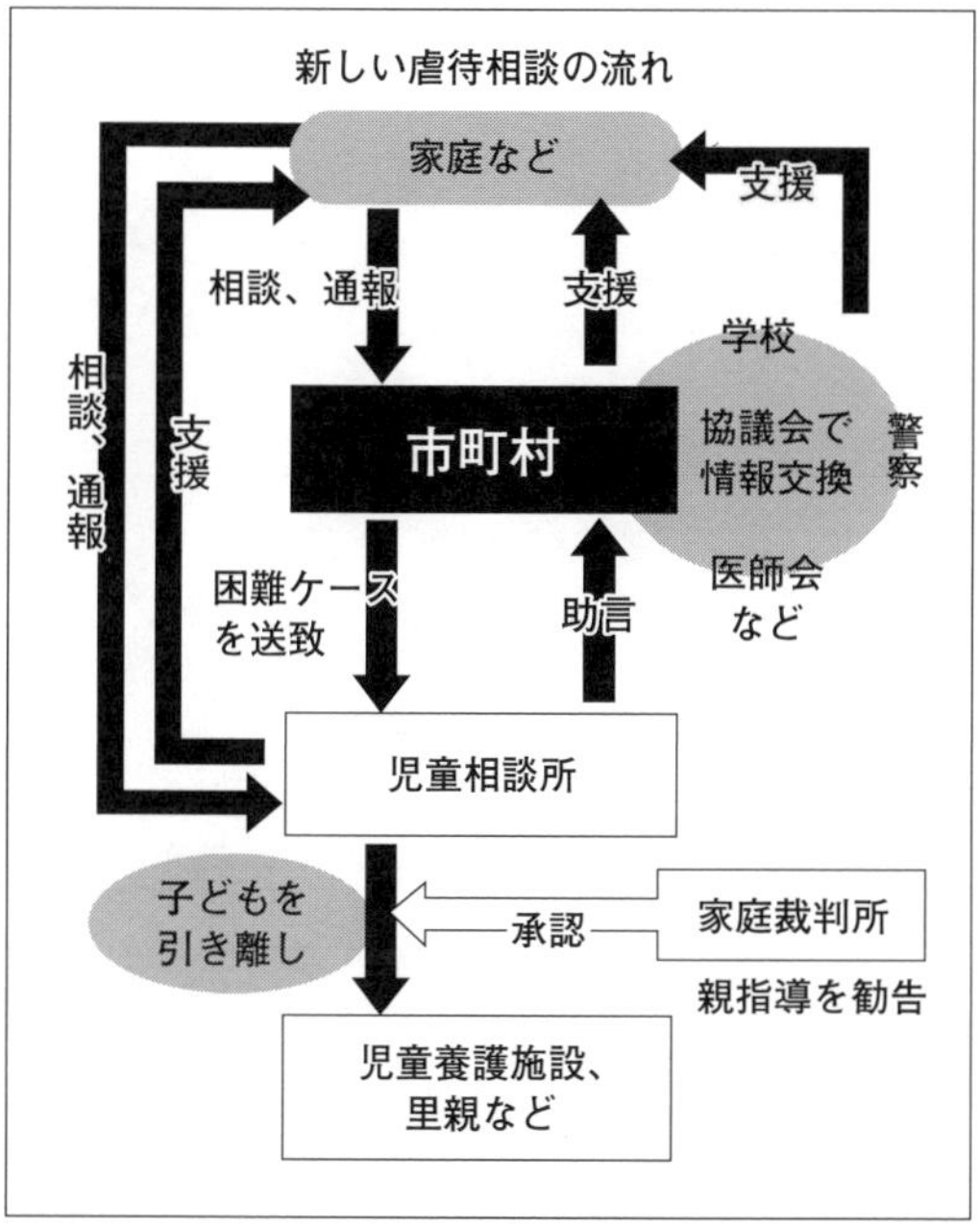

虐待対策ネットワーク

二〇一一（平成二三）年九月、滋賀県大津市で中学二年生の男子が、いじめが原因で自殺した事件が起きました。教員はいじめを知っていたにもかかわらず、学校全体では事態を放置していました。同時に、市の教育委員会もそれに関する重要資料を公開しないということでその姿勢が批判されました。この事件を契機に、いくつかの新たな改革（教育委員会の改革や道徳の教科化など）が実施されることになりました。いじめに直接関わる改革としては、二〇一三（平成二五）年九月の「いじめ防止対策推進法」の施行が挙げられます。同推進法の目的としては、同法「第一章総則」の第一条に次のように明記されています。

「（目的）第一条　この法律は、いじめが、いじめを受けた児童等の教育を受ける権利を著しく侵害し、その心身の健全な成長及び人格の形成に重大な影響を与えるのみならず、その生命又は身体に重大な危険を生じさせるおそれがあるものであることに鑑み、児童等の尊厳を保持するため、いじめの防止等（いじめの防止、いじめの早期発見及びいじめへの対処をいう。以下同じ。）のための対策に関し、基本理念を定め、国及び地方公共団体等の責務を明らかにし、並びにいじめの防止等のための対策に関する基本的な方針の策定について定めるとともに、いじめの防止等のための対策の基本となる事項を定めることにより、いじめの防止等のための対策を総合的かつ効果的に推進することを目的とする。」

次の第二条一項では、「いじめ」について次のように定義されています。

「（定義）第二条　この法律において「いじめ」とは、児童等に対して、当該児童等が在籍する学校に在籍している等当該児童等と一定の人的関係にある他の児童等が行う心理的又は物理的な影響を与える行為（インターネットを通じて行われるものを含む。）であって、当該行為の対象となった児童等が心身の苦痛を感じているものをいう。」

ちなみに、ここでいう「学校」とは「学校教育法（昭和二二年法律第二六号）第一条に規定する小学校、中学校、高等学校、中等教育学校及び特別支援学校（幼稚部を除く。）」（なお、平成二七年から新たに「義務教育学校」も一条校に加わった）をいいます。

そして、第三条の「基本理念」の三項には、いじめの防止対策として、国、地方公共団体、学校、地域住民、家庭その他の関係者の連携の下、いじめの問題を克服することを目指して行なわれなければならないことが記載されています。同時に第八条「学校及び学校の教職員の責務」においても、学校及び学校の教職員は、基本理念に則り、当該学校に在籍する児童等の保護者、地域住民、児童相談所その他の関係者との連携を図っていくことが記載されています。

このことを受けて、第十四条「いじめ問題対策連絡協議会」で、各地方公共団体に対して教育委員会と連携したいじめ問題対策連絡協議会を設置することを義務づけることにしました。具体的には次の通りです。

「第十四条　地方公共団体は、いじめの防止等に関係する機関及び団体の連携を図るため、条例の定めるところにより、学校、教育委員会、児童相談所、法務局又は地方法務局、都道府県警察その他の関係者により構成されるいじめ問題対策連絡協議会を置くことができる。

二　都道府県は、前項のいじめ問題対策連絡協議会を置いた場合には、当該いじめ問題対策連絡協議会における いじめの防止等に関係する機関及び団体の連携が当該都道府県の区域内の市町村が設置する学校におけるいじめの防止等に活用されるよう、当該いじめ問題対策連絡協議会と当該市町村の教育委員会との連携を図るために必要な措置を講ずるものとする。」

このいじめ防止対策推進法を受けて、同年十月には、文科省がいじめ防止基本方針を策定し、各都道府県の教育委員会などに通知しました。基本方針は、いじめ防止法に基づいて実施すべき具体的措置などを定めるもので、国に策定義務があります。この中で、学校・自治体・国がそれぞれなすべきことや、重大ないじめへの対処についてまとめられています。具体的には次の通りです。

［学校がすべきこと］

○取り組みを定めた基本方針を作成し、公開する。
○対策の中核になる組織を設け、情報共有を図る。
○定期的アンケートなどでいじめの早期発見に努める。
○犯罪行為の場合、警察と相談して対処する。

○ネット上の不適切な書き込みは削除措置をとる。
○いじめる子には適切な懲戒や出席停止制度の活用も行なう。

［自治体がすべきこと］
○問題解決や調査を担う第三者機関を常設する。
○ネットパトロールなどにより支援する。
○保護者向けの啓発や相談窓口を設置する。

［国がすべきこと］
○道徳教育や体験活動を推進する。
○防止対策に取り組む人材を確保する。
○「二四時間いじめ相談ダイヤル」などの相談体制を整備する。

［重大ないじめへの対処］
○被害者側から申し立てがあれば、重大事案が起きたものとして対処する。
○調査は因果関係の特定を急がず、客観的事実を迅速にする。
○調査組織は弁護士会や大学などの推薦を受けるなど、中立・公平を確保する。
○調査は民事・刑事上の責任追及や訴訟などへの対応を直接の目的としない。
○学校は不都合な事実も向き合おうとする姿勢が重要である。
○被害者側に必要な情報を提供する責任を有する。

以上のように、学校に対策組織の設置を義務づけて、教師一人で抱え込まず組織的に取り組むこととし、子どもの相談記録の共有や外部専門家の助言を受けるなどの取り組みを促し、迅速で公平な対応などが盛り込まれました。

なお、大津市のいじめ事件を契機に教育委員会制度が改革されることになりました。具体的には、二〇一五（平成二七）年の地方教育行政法の改正により、従来の教育長（常勤）と教育委員長（非常勤）を「新教育長」に統合し、現場の指揮・監督を一元化することにしました。首長の権限を強化し、いじめなどの事案の際、首長が設けた「総合教育会議」が教員や生徒から聞き取りを行なうなど、首長主導で早急な対策に乗り出せるようにしました。

【参考1】 愛知県西尾市立東部中学校～「ハートコンタクト」～

一九九四（平成六）年十一月二七日深夜、愛知県西尾市の市立東部中学校二年の大河内清輝君（十三歳）が自宅裏庭の柿の木にロープをかけ首吊り自殺しました。姿の見えなくなった息子を探していた母親（当時四四歳）が発見しました。死後、遺書が見つかり、その悲惨ないじめの事実が社会に衝撃を与えました。同校では、事件後二ヶ月足らずの一九九五（平成七）年に心を痛めた生徒たちがいじめ根絶を目指して立ち上げた「いじめバスターズ」を、「ハートコンタクト」と名称を変えて現在も自主活動として継続して行なっています。月三回集まり、いじめの疑いがないか話し合い、ときに仲介に乗り出します。清輝君の命日前後には学年集会を企画し、いじめを題材とした創作寸劇を演じ、同時に一年生が清輝君の遺書を読むことを慣例としています。メンバーが最も苦慮していることは、いじめられているように見えても、当人がいじめを認めないケースであるということです。

【参考2】外国におけるいじめ対策

イギリスのいじめ対策

一九九一年から九五年にかけて、シェフィールド大学（The University of Sheffield）がイギリス教育省の支援を受けて、いじめ防止教育プロジェクトを実施しました。それ以前、一九八四年には、子どもをいじめや虐待から守るための民間団体KIDSCAPEが設立されました。シェフィールド市の十六の小学校と七中学校がシェフィールド大学いじめ防止教育プロジェクトに参加し、いじめ防止教育方法を開発しました。シェフィールド大学いじめ防止教育プロジェクトでは、いじめに関するビデオ、小説などを教材として使用。クラス単位のカウンセリングで被害者の気持ちに気付かせ、いじめがいけないことであると認識させます。いじめの被害者の自己主張や自己表現のトレーニングをしたり、学校法廷やいじめ裁判を行ないます。一年半にわたり開発したいじめ防止教育により、ほとんどの学校でいじめ防止につながったとの報告がされました。民間団体KIDSCAPEでは、効果的コミュニケーションの取り方、自己主張の仕方、怒りを抑える方法、友達作りの方法、いじめの被害者がいじめに対処する方法、生徒同士のいじめ法廷などのトレーニングを行ないます。また、様々ないじめのケースごとにグループでいじめの被害者を援助したり、いじめの加害者の行動を変えるための方法について話し合って発表します。

また、イギリスの中等学校、専門学校を対象に調査したところ、計二一〇七校の九割の学校に防犯カメラが設置されているとの結果が出ました。おもな設置場所は、教室の後ろ上付近で、いじめや問題行動が多発しているトイレや更衣室も監視対象になっている学校もあります。さらに、イギリスでは、いじめた加害者側の親に「子育て講習への出席」か「罰金千ポンド（約十九万円）」を科すなどの罰則を設けています。

スウェーデンのいじめ対策

スウェーデンの教育法には、教員は、生徒が他の生徒の権利を侵害する行為を阻止しなければいけないと明記され、学校がいじめ対策を立案することが義務づけられています。また、民間組織いじめ反対協会が、いじめの被害者の問題解決のための援助を行ないます。学校の教員、保健士、カウンセラーなどからなるいじめ監視対策グループがいじめ調査を行ないます。学校内でいじめを受けている可能性がある生徒がいた場合、いじめ監視対策グループに直ちに連絡を取り、いじめは行なわれているのか？　誰がいじめているのかを極秘に調査し、事実を明確にします。いじめを否定する子に逃げ道をつくらない確かなデータをそろえ、いじめの加害者が複数の場合は、一人一人と個別に面談します。翌日にもう一度、面談を行ない、どうしたらいじめっ子がいじめられっ子をヘルプできるかまで話を進めます。その後、いじめの加害者の親に連絡を取ります。いじめの加害者に何らかのサポートが必要な場合もあります。その後、数週間はいじめの加害者の行動を監視します。いじめの被害者とも連絡を取り合い、その後の状況を確認します。いじめの加害者とは、二週間後、面談をします。状況次第では、その一〜二週間後にさらに面談を行ないます。最も大事なことは、いじめの被害者を絶対に裏切らず守ることです。二〇〇六年四月から学校庁内に生徒オンブードという役職が設けられました。生徒オンブードは差別、いじめ問題などの広報に努め、いじめの被害者の代理となり学校に対して損害賠償を請求する職です。損害賠償は学校側が十分な対策を取らなかったと判断された場合に請求されます。裁判か和解になりますが、学校側が十分な対策を行なったということを証明しない限り支払い責任が生じます。

(5) 子育て支援における連携体制

ここでは、家庭および地域においての「子育て」のあり方について、とくに子どもの成長の視点に立つ子育てのあり方を中心に考えてみましょう。それは、単に「子ども」だけではなく、「親」の成長の視点も含めて考えたいということです。

① 親子の成長（育ち）の視点からの子育ての必要性

(a) 社会状況の変化

とくに子育てをめぐる社会状況の変化として、最も大きいものが家族あるいは家庭状況の変化ではないかと思います。すなわち、第一に核家族の増加、第二に共働き家庭の増加、それに家同士の交流の希薄化（家の孤立化）などです。なお、共働き家庭については、都市部より農村部、あるいは地方のほうが多いといわれています。その他、子育てをめぐる社会状況の変化で顕著な点としては、働く女性の増加と女性の高学歴化などです。

ちなみに、現在労働者全体で週六十時間以上働いている人は二一％でそのうち三十歳代が約二五％を占めています。週五日働くとして、一日十二時間以上という計算になります。そうした状況では、分業どころではなくわが子の顔さえ見られず、話をしたりすることもできないといったことにもなるでしょう。もちろん、以上のような「意識の壁」を社会全体でまず変えていくことが必要であることはいうまでもありません。

では、こうした状況の中で、特にここで問題としてとり上げたいのは、在宅で子育てをしている親が「孤立化」しているという深刻な問題です。では、具体的に「孤立化」する親たちの現状の一端を紹介してみましょう。

(b) 育児不安の現状――孤立化する親たち――

子育ての相談相手不在の現状

まず、子育てについて相談する人がいないという問題です。

一般的には、子育てについて相談する相手としては、①親族　②友人　③パートナーなどが考えられますし、現にこうした人たちに相談して、解決している親も多いかもしれません。しかし、自分の親や兄弟姉妹といった親族ネットワークに支えられて子育てができる人ばかりではありません。とくに都会や都市部の場合は顕著です。

中には、長年住み慣れて親しい人たちがいる場所を離れて、地縁や血縁などがなくて新しい土地で暮らさなければならなくなり、親の援助をすぐに受けられず、相談できないという場合があります。あるいはまた、現在の調査では、女性の三人に二人が出産を機に退職しているというデータが出ていますが、突然専業主婦になり、出産後その地域に友人がいないという場合もあります。また、子育てについて話す相手、相談する相手がいないために孤立している場合も多く見られます。その一例が次のような場合です。「公園デビュー」ということがよくいわれますが、その場合スムーズに公園デビューができない若い親たちが増えているのも事実です。中には、公園で孤立する親もいるわけであり、例えば誰にも目を合わせないで、公園のベンチでただひたすら携帯電話のメールを打ちつづける「携帯電話依存親」もいます。あるいは、「魔のトライアングル」の中で暮らす親たちも増加しています。「魔のトライアングル」とは、要するに公園とスーパーマーケットと自宅だけをまわって暮らす子育て中の親です。

以上のような例でもわかるように、結局は子育てなどについて話す相手、相談する相手がおらず「孤立」している状況にあるということです。

(c) マニュアル育児の現状

孤立化する親の状況の二番目として、「マニュアル育児」の問題があげられます。「マニュアル育児」とは、一般に育児書を買い込んできて、その育児書どおりにわが子が育たないととても不安がる親のことです。

これは、いわゆる「マニュアル絶対主義」ということで、まず生身の子どもがいるのではなく、育児書を絶対的権威のあるものと信じ込むといった本末転倒した考え方の誤りです。[12]

どうしても密室で孤立する親たちは、もし相談する相手がいなければ、マニュアルとしての育児書やインターネットの情報などに頼っていく傾向にあります。もちろん一つの参考として、あるいは一つの目安として気軽な気持ちで見るのであればよいかもしれません。しかし、つい先にも述べたように絶対化して、「まず育児書ありき」ということではきわめて危険であるということです。

(d) 負の循環

親が子育てで孤立化する現状の問題として見られる第三は、前章でも紹介した子ども虐待の問題です。こうした子どもへの虐待の背景には、やはり特に親の孤立化の問題があると考えられます。それは「負の循環」と呼ばれるものです。つまり、孤立し、協力が得られず、また自分の子育てを認めてもらえない、わかってもらえないという心理的不安がつのり、その結果子どもを怒鳴ったり、憎しみの感情さえ起こってくる場合があります。その憎しみの感情が「虐待」という行為にはしることになり、さらに虐待した自分をもう一人の自分が「ダメな親」と責める、それがまた一層孤立化を大きくさせていくという現状です。

(e) 子どもの観方の問題と危険性

では次に、こうした親たちの孤立化の現状とその問題とあわせて、親自身の子ども観や子育て観の問題も考えてみましょう。

先ほど、在宅において親対子どもの一対一という関係の中での、とくに親の孤立化の現状の立場を述べましたが、それを「カプセル化した家庭」あるいは「閉ざされた家庭」と呼ぶこともできるかもしれません。

とくにこのような家庭の場合、危険な点は、親が子どもの心に進入する場合がきわめて多いということです。すなわち、一般にいわれる「過保護」や「過干渉」という問題とも関連しています。もちろんこれは、在宅育児の親だけに限られたことではありませんが、とくに密室の親子関係の中に多いということです。

これは、ひいては子どものいわゆる「自立」や「自律」を妨げることにもなります。親に常に支配される中で育った子どもは、できるだけ親の気に入る「よい子」を演じつづけようとして懸命になるわけです。それが思春期になり、自我が芽生える頃、「よい子」を演じている自分は本当の自分ではないと考えるようになり、やがて「過剰適応症候群」の状態になる危険性があります。

こうしたことは、その根本に親の子ども観という意識上の問題があるといわなければなりません。では、その「意識上の問題」とはどのようなことでしょうか。次に具体的に見ていくことにしましょう。

(f)「つくる」ものとしての子ども

まず第一は、子どもを「つくる」ものという発想で見ている問題です。現在では、子どもという存在を「授かる」ものから「つくる」ものという発想に変化したといってよいでしょう。

今日、よく子どもをもつことを「子どもをつくる」とごく自然にいいます。すなわち、人間を超えるものから「授かる」ものではなく、人間が自分の意志や希望で「つくるもの」になったということであり、いいかえれば、子どもの命が人間のうちのものになり、自由勝手にコントロール（支配）することができるようになったということです。最近よく「クローン牛」や「クローン人間」の話がテレビや雑誌などでとりあげられます。筆者が小学生の頃は、マンガなどで全く同じ人間がボタン一つでできるようなものがありましたが、それは夢の又夢だと思っていました。しかしどうも夢ではなく、今ではまさに現実なのです。

私たちは、どういうわけか科学の進歩に甘んじて、人間は万能であるといった一種の「おごり」があるのではないかと思うときがあります。これは、子育てだけではなく教育全体にも関係している問題であるといえます。保育や教育の中に、この「つくる」という発想が持ち込まれることの危険性は極めて大きいといわなければなりません。

さて、こうした「つくる」ものとしての子どもの観方が、さらに次に紹介する親の「強い思い入れ」の問題と関係してより危険な方向に向かうことになります[13]。

②「強い思い入れ」の問題

よく親は、「できるだけのことはしてやる」、あるいは「これはすべてあなたのためよ」といっていろいろなことをやってあげる親がいます。これは、ある意味でもちろん大切なことですが、それがいったん子どもの興味や関心、あるいは得手・不得手やその子の性格などを無視して、親が思い描く「よさ（よい子像など）」を勝手に無理やり押しつけるという問題が起こってくる場合があります。

つまり、自分の「よさ」を無理にわが子と一致させ、親はすべてをその子どもにかけ、それは親の愛情に見えて、実は親自身のためのことであり、子どもの成功が即自分の成功と考えることになります。これを「子どもを通しての代理達成[14]」と呼びます。

親子の場合、とくにここでいう「独りよがりな期待」をたくさん抱きがちになります。しかし、それがかえって子どものためにならないという警告が、メッセージとして私たちに送られているような気がします。とくにここで問題にしている在宅の孤立化する親子の場合、その傾向が強いといわなければなりません。

以上紹介してきたような、子どもの観方の問題も、ひいては、特に親が誰にも相談できずに孤立しているという「密室の親子関係」の現状にやはり関係していると考えられます。

では、私たちは、こうしたとくに在宅で子育てしている母親、そしてその子どもに対してどのような援助をしていくことが重要なのでしょうか。その点をさらに考えていってみたいと思います。

まず、具体的な支援対策を述べる前に、子どもの成長（育ち）を尊重する場合の子どもの観方について、つまり発想の転換について説明しておきましょう。

③子どもの成長（育ち）を尊重した子育て

(a) 子ども観・子育て観の見直し

「自立していく存在」「好奇心のかたまり」としての子ども

まず何より、子どもは決して親の分身ではなく、自らの意志で外との関係を築き、やがては「自立していく存在」だということをしっかりと認識しておくことが大切です。また子どもは、「好奇心のかたまり」のような存在でもあり、さまざまなもの・ひと・ことに興味や関心を持ちます。その場合に、まず子どもたちの中に、成長しようとする潜在的な力を認めてあげることがまず何より大切です。小林一茶という俳人の句に「名月を　取てくれろと　泣子哉」や「幼子や　目を皿にして　梅の花」というものがありますが、これらはわが子を亡くして今はいないときに詠んだ句です[15]。これらの句には子どもの本質が詠み込まれているといってよいでしょう。また、映画監督の宮崎駿の言葉に次のようなものがあります。

「大人が今やるべきことは、子どもが心と体を取り戻せるようにすること。今の世の中は、子どものエネルギーを奪うように奪うように、知的好奇心をなくすようになくすようにしている。[16]」

ここでの「子どものエネルギー」にしろ「知的好奇心」にしろ、一茶と同様に子どもの潜在的な働きを認めている点では共通しています。すなわち、本来子どもはよく生きようとしている存在であるということです。

(b) 個性的な存在としての子ども

さらに、子どもは個性的であり、それを認め受け入れてあげることが大切です。子どもの中には、それは手のかからない子もいるでしょう。しかし、中には反応が強くて、鳴き声が大きいとか寝付きが悪いとか、食欲にむらがあるなどの、いわゆる「マザーキラー」と呼ばれる母親泣かせの子どもや、何をするにも時間のかかる子、つまり「スロースターター」もいます。「十人十色」という言葉がありますが、ありのままの子どもの性質を温かく受け入れてあげること、それに長い目で子どもを見守ってあげる寛容さが大切です。それに関して、一茶の句をもう一つ紹介しておきましょう。それは、「蝸牛　そろそろ登れ富士の山」という句です。小さな蝸牛がいつたどり着けるかわからない山頂をめざして懸命に登る姿にゆっくり登りなさいと励ましています。ここにも、長い目で見る温かなまなざしが感じられます。

(c) 反抗期のとらえ方〜反抗期は学びの大切な時期〜

もう一つ、親の子育てに関係した考え方の見直しがあります。それは、反抗期のとらえ方です。成人するまでのいわゆる「子ども時代」には、一般に三回の反抗期があるといわれています。その第一の時期が一歳半から二歳ぐらいの頃です。この時期、駄々をこねたり、まったくお母さんなどが言うことと反対のことをしたり、あるいはいろいろとうるさいぐらいに質問したりする傾向があります。それに対して、親が過剰に反応して叱る場合を時々見かけることがあります。しかし、この時期こそ人間の将来の「学び」の成長にとって欠かせない時期といってもよいのです。とくに、いろいろなことを質問したりすることは、第二部第三章の「学び」のところでも紹介しましたように、ものに興味をもっていることであり、深く考えるための基本ともいうべき「疑問をもつ」ということが起きている証拠なのです。したがって、そうした場合は、できるだけ寄り添い、向き合ってあげ、誠実に温かく応えてあげる心の余裕が必要であるということです。

(d) 複数のネットワークの中で育つ子ども

さらに重要なことは、子どもは他の人間とかかわりをもち、他者との活動に参加することで学び成長するということです。

たった一人の親に守られて過ごす家庭は、平穏無事であっても、子どもの育ちや学びを活発化するためには、人的刺激が乏しい場であるといわなければなりません。つまり、複数の愛情対象をもっていることは、長期的に見ても子どもの成長にプラスに働くといえます。

④子育てのためのさまざまな援助対策

それでは、今後子育てに悩む人々、特に在宅で孤立化する親子などのために、具体的にどのような援助の方策が必要かを考えてみましょう。

⒜ 保育園の役割

今日、保育園は、多くの人のニーズに答えていくための施設であり、今後地域の子育てを支える、外に向かって開かれている場としての施設であるといわなければなりません。

ただ現在、保育園の状況も、都会と地方、あるいは都市部と農村部では多少具体的な問題状況が異なるのも事実です。都市部では、例えば東京都などのように「待機児童」の問題を抱えているところも多くあります。ちなみに、現在待機児童の七割近くが〇歳から二歳の低年齢児であるといわれています。一方、地方の特に農村部などでは、過疎の進行にともなって保育園に来る子どもが少なくなっている傾向があります。

このように、都会と地方では保育園をめぐって全く異なった問題が起きているように見えますが、実は子育てに関しては重要な共通点があることも事実なのです。それは、待機児童にしろ、減少児童にしろ、同年齢の子ども同士で遊ぶ機会が少なくなっているということです。したがって、前にも述べましたように、子どもは複数のネットワークの中で育つものであることを考えれば、保育園は、まさに地域に積極的に開かれているべきであり、その意味で発想の転換が必要であるといわなければなりません。

現在、発想の転換にもとづいた活動として、現在都市部などを中心に、地域に根ざしたさまざまな活動を展開している保育園が増えてきています。いわゆる「複合型施設」と呼ばれるものであり、そこでは、育児相談、一時保育をはじめ、保育園の財園児が病気になって通園できないで、親が仕事に行かなければならないときに保育園が自宅に看護師や保育士を派遣する訪問型病院児保育サービス、さらには夜間保育園や日曜祝日の休日保育、学童保育などが実施されています。[17]

(b) 自治体による「地域子育てセンター」の役割

次に、「地域子育て支援センター」の役割について考えてみましょう。現在、その役割はきわめて重要になってきています。地域子育て支援センターとは、在宅の親と子どもが居場所として、親子が自由に集まって遊ぶだけでなく、友人を見つけたり、育児相談を行なえる場所です。厚生労働省の政策を受けて、自治体が地域子育て支援センターの予算を確保して、運営をそれぞれ社会福祉法人に委託したものとしては、大きく二つの型があります。一つは「保育園併設型」であり、もう一つは「センター独立型」です。保育園併設型は、基本的な考えとして働く親の子育てを援助する一方で、家で育児に専念する親たちを支える活動も展開しています。一方センター独立型は、地域子育て支援センターだけが独立したものです。とくに古いものとしては、東京都江東区の「子ども家庭支援センター（みずべ）」が有名です。ここでは、「共に育て共に育ち合う」「共にセンターを創っていく」「子どもの育ちの喜びを共有する」「共に生きる」を基本的な理念としながら、次のようなことを主に行なっています。

①みんなで育て合うひろば（子育て井戸端会議）

②親が子育てについて学び合うひろば

↓母親や父親対象の講座や子どもの年齢別講座、各種講習会
③子育てについての情報を分かち合うひろば
↓情報誌の発行
④地域ネットワーク、人材育成
↓ボランティアや保育相談員の育成、研修会18

(c) 父親の役割と育児休暇の問題

誰が子育てを援助するかという場合、先にも述べましたような保育園あるいは地域子育て支援センターのような機関の役割はもちろん重要ですが、最も身近な主体は「父親」です。すなわち、子育ての際、父親が子育てを共有し、積極的に参加していくことは、きわめて重要な問題であるといってよいでしょう。しかし、現実は「育児休暇」の問題が依然としてあります。ちなみに日本では、現在育児休暇の取得率は、女性で「五七．九％」、男性で「〇．五五％」となっています。現在、外国では、この点についてさまざまな改善策が各国で打ち出されてきています。たとえば育児休暇対策に関して、オランダではワークシェアリング（仕事の分かち合い）、すなわち一人一人の労働者の労働時間を短縮することにより、全体として雇用者数の維持・増大を図ろうとする考え方にもとづいて、「一．五稼働モデル」という夫（一．〇）、妻（〇）という比率を夫（〇．七五）、妻（〇．七五）とする考え方が導入されています。また、スウェーデンやノルウェーでは、パパ・クウォーター制という、母親だけでなく、父親も必ず一ヶ月の育児休暇を取るという割り当て制を設けており、出産時は十日間の休暇、十五ヶ月の育児休暇のうち一ヶ月

は父親が取るように設定されています。[19]

(d) 行政の役割

次に、行政の役割について考えてみましょう。第一は、「子育てのバリアフリー化」ということです。たとえば、親子が自由に集まれる「つどいの広場」の事業の推進や、乳幼児の親子が出かけやすいように、公的施設や駅にエレベーターやトイレを設置するといった問題です。ただし、この根本にも、子育てに対する意識改革があるといえます。たとえば、カナダの男性のトイレには、男性のトイレにも乳児のおむつ交換用のベッドが設けられていたりしますが、日本でも今日では多くの場所で設置されてきているもののの、さらに充実が必要であると考えます。こうした点も、育児分業的な発想からすればあまり気づかれない部分であるといえます。こうした意識改革にもとづいて、さまざまなバリアフリー化を行政が進めていくことが重要であると考えられます。

第二は、行政機関の連携による地域に根ざした子育て支援の展開です。その場合、次のような転換が必要でしょう。それは、従来の「トップダウン的な対応」から「ボトムアップ的な対応」への転換ということです。すなわち、下からのニーズに即して行なわれる多様な援助活動を評価し、それに行政予算を合わせて施策を展開すること、あるいは子育て支援を遂行する主体としての国や自治体の行政責任を明確化するといったことです。

(e) その他の機関の役割

これまで子育てを援助するためのさまざまな機関の役割について述べてきましたが、それ以外のさまざまな機関の役割をいくつか紹介したいと思います。

NPOによる子育て援助

まず、最近特に注目されているのが、自分たちでNPOを設立し、親子の居場所づくりに取り組んでいるお母さんたちの存在です。たとえば、一定の施設利用分担金や入会金、月会費などを運営費として集めて、空き店舗や小学校の空き教室、または公共施設の一画でも、場所に工夫を加えて、さらに鍵になる人を中心に親子の居場所をつくっているところが増えています。なお二〇〇二（平成十四）年度から、新たにNPOにも委託可能な「つどいの広場事業」という補助金制度をスタートさせました。今後、さらに注目度が増すだろうと考えられます。

シルバー人材センターによる子育て援助

また、現在高齢化が進む中で、子育てや仕事に区切りのついた中高年の方々が、子や孫にあたる世代の子育て支援で活動し活躍しています。たとえば、広島県のある町では、二〇〇二（平成十四）年十二月から、認知性高齢者グループホームの一室を借りて「託児センター」を開きました。そこでは、養成講座の研修を受けた十七人がサポーターとして交代勤務しています。生後二ヶ月から十歳までの子どもを対象として、月曜日から土曜日まで、午前八時から午後八時まで行なっています。また、保育施設への送迎や留守中の保育・家事援助なども行なっています。他人だからこそ、逆に頼れることもあるでしょう。人とのつながりが希薄になった今、子育てを支える仕組みを地域に作りだし、若い親が苦しまないようにしたいという願いがこうした人たちの中に、いま広まりつつあります。

学生による子育て援助

　さらに、学生による子育て援助も今後重要になってくるのではないかと思います。現在、一定の研修を受けた学生たちが、先に紹介した保育園やその他の子育て援助機関でボランティアとして活動しているケースも多く見られるようになってきました。これは、先のシルバー人材とは異なり、未来の親になる人たちですから、育児の楽しさや大変さを体験することも、子育て支援をしながら学ぶことができるという利点があります。つまり、「親になるための準備教育」というメリットがあるということです。こうした学生のボランティアなどを積極的に活用するためには、子育てに関係した機関と大学や専門学校などとの緊密な連携が重要になってくると考えられます。

　以上、子どもの成長の視点に立つ子育てを中心に現代の子育て問題を考えてきました。とくに、在宅で子育てに励んでいる親などをどのように援助していくのかを、さまざまな分野の人たちが、真剣に考えていかなければなりません。そのためにも、根本から子育てを援助することに対する意識改革とシステム改革が両輪となって、今後一層進められていかなければならないと考えます。

【注】

1　ポール・ラングラン『生涯教育の展望』（村井実『原典による教育学の歩み』講談社、一九七四年所収）、七三六〜

七六七頁。
2　同前書、七四〇〜七四一頁。
3　村井実『教育学入門（上）』講談社学術文庫、一九七六年、十七頁。
4　山崎英則・片上宗二編『教育用語辞典』ミネルヴァ書房、二〇〇三年、四五三頁参照。
全国病弱教育研究会編『病気の子どもの教育入門』クリエンツかもがわ書籍、二〇一三年参照。
5　宮本雅史『「電池が切れるまで」の仲間たち』角川書店、二〇〇三年、七六〜七七頁。
6　同前書、八十三頁。
7　すずらんの会編『電池が切れるまで―子ども病院からのメッセージ』角川書店、二〇〇二年、八〜九頁。
8　http://www.pref.shiga.lg.jp/edu/ma01/byoujyaku.html　参照。
9　http://www.pref.shiga.lg.jp/edu/ma01/files/nagahamasyou.pdf　参照。
10　読売新聞、二〇一五年六月十七日「医療ルネサンス〜病気の子を支える〜」記事参照。
11　読売新聞、二〇〇五年九月四日掲載記事参照。
12　垣内国光・櫻谷真理子編著『子育て支援の現在』ミネルヴァ書房、二〇〇二年、五〜六頁。
13　柏木恵子『子育て支援を考える』岩波ブックレット（No.555）、二〇〇一年、二七〜三五頁参照。
14　同前書、四四頁。
15　信濃教育会編『一茶全集』（第一巻）信濃毎日新聞社、一九七七年参照。
16　朝日新聞、二〇〇二年一月五日掲載。
17　前田正子『子育ては、いま』岩波書店、二〇〇三年、十四〜二五頁参照。
18　同前書、一〇二〜一一一頁参照。

19　同前書、一七六～一八二頁参照。

［参考文献］

内藤朝雄『いじめの構造』講談社現代新書、二〇〇九年。

森田洋司『いじめとは何か』中公新書、二〇一〇年。

共同通信大坂社会部著『大津中2いじめ自殺学校はなぜ目をそむけたのか』ＰＨＰ新書、二〇一三年。

森口　朗『いじめの構造』新潮新書、二〇〇七年。

坂田　仰編『いじめ防止対策推進法　全条文と解説』学事出版、二〇一三年。

大豆生田啓友、森上史朗、太田光洋編『よくわかる子育て支援・家庭支援論』、二〇一四年。

保育研究所編『ポイント解説　子ども・子育て支援新制度─活用・改善ハンドブック』、二〇一五年。

調べてみよう

◇

① 生涯学習の歴史を調べてみよう。
② 日本におけるリカレント教育の現状と課題について調べてみよう。
③ スウェーデンの生涯学習について調べてみよう。
④ 院内学級やチャイルド・ライフ・スペシャリストについて調べてみよう。
⑤ 子ども虐待の現状・課題・対策について調べてみよう。
⑥ 日本と外国のいじめ対策を比較してみよう。
⑦ さまざまな子育て支援の取組と「待機児童」の実態について調べてみよう。

【主要事項索引】

【アルファベット】

【ア行】

【カ行】

【サ行】

【タ行】

【ナ行】

【ハ行】

【マ行】

【ヤ行】

【ラ行】

【ワ行】

【人名索引】

【ア行】

【カ行】

【サ行】

【タ行】

【ナ行】

【ハ行】

【マ行】

【ヤ行】

【ラ行】

著者プロフィール

渡邊　弘　WATANABE, Hiroshi

1955年、栃木県生まれ。慶應義塾大学文学部社会・心理・教育学科卒。同大学大学院社会学研究科教育学専攻修士課程修了。1982年、同大学大学院社会学研究科教育学専攻博士課程中退。(博士) 教育学。作新学院女子短期大学助教授、慶應義塾大学文学部非常勤講師、宇都宮大学教育学部教授（学部長・研究科長、附属小学校長兼務）などを経て、2014年から作新学院大学人間文化学部教授（学部長)、非常勤として国際医療福祉大学講師。

1994年に国民学術協会賞（中央公論社後援）受賞。2004年より、SKY Perfect TVで「教育学」を講義。2013年1月から2013年3月まで、NHKラジオ第2で「こころをよむ」13回講座担当。

主な著書

『「ちゅうくらい」という生き方——俳人一茶の思想はどこからきたか』信濃毎日新聞社、2015年（単著）
『一茶とその人生』NHK出版、2014年（単著）
『これだけは知っておきたい道徳授業の基礎・基本』川島書店、2012年（単著）
『人間教育の探究【改訂版】』東洋館出版社、2010年（単著）
『近世日本における「学び」の時間と空間』渓水社、2010年（共著）
『「平和の世紀へ」——子どもの幸せを目指して』鳳書院、2008年（共著）
『学校道徳教育入門』東洋館出版社、2007年（単著）
『俳諧教師小林一茶の研究』東洋館出版社、2006年（単著）
『「教育」を問う教育学——教育への視角とアプローチ』慶應義塾大学出版会、2006年（共著）
『「援助」する学校へ——学びの援助活動としての教育実践』川島書店、2001年（編著）
『共にまなぶ道徳教育』川島書店、1997年（共著）
『信頼の崩壊——黒磯ナイフ事件をめぐる事実と反省』下野新聞社、1998年（共著）
『「援助」教育の系譜——近世から現代まで：その思想と実践』川島書店、1997年（編著）
『「援助」としての教育を考える』川島書店、1994年（編著）
『一茶・小さな〈生命《いのち》〉へのまなざし——俳句と教育』川島書店、1994年（単著）
『小林一茶——「教育」の視点から——』東洋館出版社、1992年（単著）

人間教育のすすめ

2016（平成28）年4月1日　初版第1刷発行

著　　者：渡邊　弘
発 行 者：錦織　圭之介
発 行 所：株式会社　東洋館出版社
〒113-0021　東京都文京区本駒込5丁目16番7号
営業部　電話03-3823-9206　FAX03-3823-9208
編集部　電話03-3823-9207　FAX03-3823-9209
振替　00180-7-96823
URL　http://www.toyokan.co.jp
デザイン：吉野　綾（藤原印刷株式会社）
印刷・製本：藤原印刷株式会社

ISBN978-4-491-03216-0　Printed in Japan